教育心理学の理論と実際

Theory and Practice of Educational Psychology

河村茂雄・武蔵由佳 編著

発達と学習の
効果的支援をめざして

図書文化

はじめに

　本書は，今日の学校現場の問題を「教職課程コアカリキュラム」の「教育心理学（「幼児，児童及び生徒の心身の発達及び学習の過程」を指す：編集部追記）」に示された視点から捉えることをめざしました。これから教員をめざす学生たちに，学校現場で試行錯誤している先生方に，教育心理学の基本的知識や統合的に教育実践を進めていくための戦略などを，少しでもわかりやすく提供できたらという思いから企画しました。「教育心理学」や「発達心理学」の講義のテキストとしても活用いただけると幸いです。

　これからの学校教育で求められる「主体的・対話的で深い学び」を児童生徒に保障するためには，児童生徒を理解する前提となる心理・発達面や学習指導面の知識と，個別対応やグループ活動を学校現場で展開するための方法論を確実に身につけていることが必要条件です。これらの基本的な知識には，教育心理学の知見が多分に生かされています。

　本書では，教育心理学の代表的領域を15に分けて章立てし，各章は【節】【Tips】【Column】の3つのカテゴリで構成しました。

【節】は教員採用試験でも頻出される最重要キーワードの解説が中心です。

【Tips】は学生の面接・論文試験，教員の実践研究などを想定し，理解を深めておきたいキーワードについて，少し踏み込んで解説しました。

【Column】は教職課程コアカリキュラムに示された目標で，やや専門性が高いと思われる教育実践などに関する事項の解説を中心としました。

　編集・執筆においては，教育心理学の諸理論を平易にコンパクトに解説することをめざし，さらに関連図表を多く収載しました。

　急激に変化する社会を人間育成の面から支える学校教育に，真摯にかかわろうとする多くの方々に，本書を参考にしていただけたら幸いです。

　2019年3月

早稲田大学教育・総合科学学術院教授
博士（心理学）・公認心理師　河村　茂雄

教育心理学の理論と実際
目次

はじめに　　　3

Ⅰ．教育心理学とは

第1章　教育を支える心理学
1	教育心理学とは	武蔵　由佳	12
2	教育心理学の歴史	武蔵　由佳	13
3	教育心理学の研究法	武蔵　由佳	14
Tips	精神分析理論	武蔵　由佳	16
Tips	行動主義・新行動主義	武蔵　由佳	17
Tips	ゲシュタルト心理学	武蔵　由佳	18
Column	経験と勘からエビデンス・ベーストの実践へ	河村　茂雄	19

Ⅱ．発達の心理とは

第2章　発達とは
1	発達段階	武蔵　由佳	22
2	成熟優位説	武蔵　由佳	23
3	環境優位説	武蔵　由佳	24
4	輻輳説	武蔵　由佳	25
5	環境閾値説	武蔵　由佳	26
6	相互作用説	武蔵　由佳	27
7	臨界期・敏感期	武蔵　由佳	28
8	発達と教育	武蔵　由佳	29
9	エリクソンの発達理論	武蔵　由佳	30
10	ピアジェの発達理論	武蔵　由佳	32
11	ハヴィガーストの発達理論	武蔵　由佳	33
Tips	フロイトの発達理論	熊谷圭二郎	35
Column	発達の加速現象	河村　茂雄	36

第3章　乳幼児期の発達過程

1	発達の原理	武蔵　由佳	38
2	幼児期までの運動発達と身体発達	武蔵　由佳	40
3	発達曲線	武蔵　由佳	41
4	認知発達	武蔵　由佳	42
5	自己中心性	武蔵　由佳	43
6	言語の発達	武蔵　由佳	44
7	愛着の形成	武蔵　由佳	45
8	愛着のタイプ	武蔵　由佳	46
9	心の理論	武蔵　由佳	47
10	遊びの発達	武蔵　由佳	48
Tips	定型発達と非定型発達	井芹　まい	49
Tips	愛着障害	細井　星花	50
Column	愛着障害を抱える子どもの実際と対応	深沢　和彦	51

第4章　児童期の発達過程

1	発達の特徴	武蔵　由佳	54
2	認知発達	武蔵　由佳	55
3	社会性がはぐくまれる場としての要因	武蔵　由佳	56
4	児童期の身体発達と運動発達	武蔵　由佳	57
Tips	分離不安症・選択性緘黙・トゥレット症候群	髙橋　幾	58
Tips	行為障害	河村　茂雄	59
Tips	9歳の壁	森永　秀典	60
Column	ギャングエイジの実際	森永　秀典	61

第5章　思春期・青年期の発達過程

1	思春期の発達の特徴	武蔵　由佳	64
2	青年期の発達の特徴	武蔵　由佳	65
3	アイデンティティ（自我同一性）	武蔵　由佳	66
4	アイデンティティステイタス（自我同一性地位）	武蔵　由佳	67
5	青年期の友人関係	武蔵　由佳	68
6	青年期までのキャリア発達	武蔵　由佳	70
Tips	思春期の発達と不適応症状	細井　星花	72
Tips	青年期の悩みと自殺	藤原　和政	73
Tips	青年期の恋愛	本田　真	74
Column	いろいろなタイプの高等学校の現状	藤原　和政	75

第6章 発達的変化

1	友人選択の要因の発達的変化	武蔵　由佳	78
2	友人関係の発達的変化	武蔵　由佳	79
3	道徳性の発達	武蔵　由佳	80
4	向社会的行動	山本　琢俟	82
5	向社会的道徳推論	山本　琢俟	83
6	役割（視点）取得能力	井芹　まい	84
Tips	近年の発達加速の様相	武蔵　由佳	85
Tips	友人関係に対する欲求の発達的変化	武蔵　由佳	86
Column	最近の第二次反抗期の実際	藤原　寿幸	89

第7章 性　格

1	性格とは	深沢　和彦	92
2	気質とは	深沢　和彦	93
3	類型論	深沢　和彦	94
4	特性論	深沢　和彦	95
5	性格の形成	熊谷圭二郎	96
6	性格の診断	熊谷圭二郎	97
7	適応（防衛機制）	熊谷圭二郎	98
Tips	パーソナリティ障害	熊谷圭二郎	99
Column	好かれる子どもと嫌われがちになる子ども	井口　武俊	102

第8章 欲　求

1	欲求と動機づけ	河村　茂雄	104
2	欲求階層説	河村　茂雄	105
3	達成動機	河村　茂雄	106
4	ローカス・オブ・コントロール	河村　茂雄	107
5	原因帰属	河村　茂雄	108
6	自己効力感	河村　茂雄	109
7	親和動機	河村　茂雄	110
Tips	葛藤・コンフリクト	井口　武俊	111
Tips	被援助志向性	森　　俊博	112
Column	教育目標としての自尊感情と自己有用感	河村　茂雄	113

第9章 知能

1	知能と構造	河村　昭博	116
2	知能の規定因	河村　昭博	117
3	知能の測定	河村　昭博	118
4	創造性	河村　昭博	119
5	学力の測定	河村　昭博	120
Tips	田中ビネー知能検査	本田　真	121
Tips	ウェクスラー知能検査	本田　真	122
Tips	K-ABC	髙橋　幾	123
Column	育成が期待される資質・能力	河村　茂雄	124

Ⅲ. 学習の心理とは

第10章　学習とは

1	古典的条件づけ（レスポンデント条件づけ）	武蔵　由佳	126
2	道具的条件づけ（オペラント条件づけ）	武蔵　由佳	127
3	記憶の二重貯蔵モデル	武蔵　由佳	128
4	短期記憶	武蔵　由佳	129
5	長期記憶	武蔵　由佳	130
6	メタ認知	武蔵　由佳	131
7	忘却	武蔵　由佳	132
Tips	学習障害	髙橋　幾	133
Tips	高原状態・プラトー	森　大	134
Column	学習障害を抱えた子どもの困り感	髙橋　幾	135

第11章　動機づけ

1	外発的動機づけ・内発的動機づけ	河村　茂雄	138
2	モデリング	河村　茂雄	139
3	自己調整学習	河村　茂雄	140
4	習得目標と遂行目標	河村　茂雄	142
5	自己決定理論	河村　茂雄	143
Tips	学習意欲の発達的変化	河村　茂雄	144
Tips	学習性無力感	本田　真	145
Column	教室での学習指導の実際	河村　茂雄	146

第12章　学習の方法・形態

1	プログラム学習	河村	明和	148
2	発見学習	河村	明和	149
3	有意味受容学習	河村	明和	150
4	問題解決としての学習	河村	明和	151
5	適正処遇交互作用	河村	茂雄	152
6	アクティブ・ラーニング	河村	茂雄	153
7	協同学習	河村	茂雄	154
8	ＰＢＬ	後藤	里英	155
9	デューイの問題解決学習	後藤	里英	156
Tips	習熟度別学習・少人数学習	後藤	里英	157
Tips	学校教育におけるICT	齊藤	勝	158
Column	アクティブ・ラーニングのむずかしさ	河村	志野	159

第13章　学級集団づくり

1	学級集団とは	河村	茂雄	162
2	学級風土	河村	茂雄	164
3	準拠集団	河村	茂雄	165
4	学級集団の発達過程	河村	茂雄	166
5	教育力をもつ学級集団の構造	河村	茂雄	168
6	ソシオメトリック・テスト	河村	昭博	170
7	Q-U	河村	昭博	171
8	学級活動と満足の法則	河村	茂雄	173
Tips	学級集団に起因する問題―不登校―	河村	明和	174
Tips	学級集団に起因する問題―いじめ―	河村	茂雄	175
Column	学級崩壊の実際	河村	茂雄	176

第14章　学習評価

1	教育評価の目的	河村	明和	178
2	教育評価の考え方	河村	明和	180
3	教育評価の歴史―測定から評価へ―	河村	明和	181
4	ポートフォリオ評価	河村	明和	182
5	アンダーアチーバー・オーバーアチーバー	河村	昭博	183
6	教育統計（データの代表値と散布度）	河村	昭博	184
7	統計的仮説検定（帰無仮説・t検定・分散分析）	河村	昭博	185
Tips	全国学力・学習状況調査	藤原　寿幸・齊藤	勝	186

| Column | アセスメントに基づく指導 | 伊佐 貢一 | 189 |

第15章　教員の指導行動

1	教員の仕事—学習指導と生徒指導—	河村 茂雄	192
2	教員の資質・能力	河村 茂雄	193
3	自律性支援を志向した教員の指導行動	河村 茂雄	194
4	PM理論	河村 昭博	196
5	教員の勢力資源	河村 昭博	197
6	教員の信念（教員特有のビリーフ）	河村 茂雄	199
Tips	教員の影響力	河村 茂雄	200
Tips	隠れたカリキュラム	河村 茂雄	202
Column	学び続ける教育者	河村 茂雄	203

引用・参考文献　205
おわりに　213
人名索引　214
事項索引　216
著者紹介　220

【第Ⅰ部　教育心理学とは】
第1章
教育を支える心理学

　「教育を実践するにあたって，その目的は教育学に，方法は教育心理学に学べ」といわれてきました。教育に際して，教育学が教育的価値の追求を重視するのに対して，教育心理学は教育という行為を心理学的に解析して理解し，より適切な教育方法を示唆することをめざすからです。

　したがって，教育心理学は教育学ではなく，心理学の領域に属し，かつ，人間の生活への心理学の知見の適用を志向するため，「応用心理学」に位置づけられるのです。本章では，「教育心理学」について考えてみましょう。

1. 教育心理学とは

　教育は人間特有の行為です。そこには教える人と教えられる人との相互作用があります。教育者には，この相互作用によって生じるさまざまな問題を理解し，対応するために参考となる知見が必要です。よく「教育を実践するにあたって，その目的は教育学に，方法は教育心理学に学べ」といわれます。それは，教育学が教育的価値の追求に重きを置く学問であるのに対して，教育心理学はより人間を科学的に捉えようとする学問であるからです。

　教育学の方法論は，教育哲学や教育史の研究方法に代表されるように思弁的であり，おもに文献的方法を採用するのに対して，教育心理学の方法論は，心理学の基本的な方法論である実証的方法をとります。実証的方法とは，直接的な観察や面接により知見を得たり，データと呼ばれる客観的な証拠を集めて分析をしたりするものです。

　教育心理学の定義を見てみましょう。『新・教育心理学事典』では「教育心理学は，教育に関連する諸事象について心理学的に研究し，教育の効果を高めるのに役立つような心理的知見と心理的技術を提供しようとする学問である」とあります（依田，1979）。

　また，『最新心理学事典』においても，「教育心理学とは，教育活動について心理学的に研究し，教育実践上の課題を解決するために，よりよく適用される心理的知見とより高い効果をあげうる心理的技術とを提供する学問である」とあります（藤永，2013）。つまり，教育心理学とは，教育活動において生じる人間の心の働きや行動を心理学の知識と方法によって科学的に理解したり，より効果の高い教育実践を創造することにつながる知見を教育者たちに提供したりする学問であるといえます。

　学校教育との関連でいえば，教育心理学で扱う人間の心の働きや行動を説明する理論は，おもに幼児・児童・生徒の心身の発達および学習の過程に関する問題を扱うものが中心です。そこでは，幼児・児童・生徒の適応の問題や，教授と学習のプロセスの問題，測定や評価の問題なども扱われます。教育心理学は，学校教育を効果的に展開することに貢献しうる基本的な理論や実践，考え方を提示することをめざしているのです。

2. 教育心理学の歴史

　教育心理学の源流は，19世紀前半の教育哲学とその実践にさかのぼります。心理学の哲学からの独立は19世紀後半，1879年にドイツの**ヴント（Wundt,W.M.）**がライプツィヒ大学に世界で初めて心理学実験室を開設したことから始まります。ヴントは，大学医学部を卒業した生理学者でした。またヴントのもとで学んだ**モイマン（Meumann,E.）**は『実験教育学入門講義』を著し，教育学への実験心理学的手法の導入を試みました。子どもの心身の発達，教授法，その効果，教員の心理など広範な内容を扱った研究をしました。

　一方，ヴントとほぼ同時期に活躍し「アメリカ心理学の父」といわれる**ジェームズ（James,W.）**も生理学の出身です。『心理学原理』を著し，『Talks on Teachers on Psychology（教員に語る心理学）』では，心理学を実験室の外に出し，教室内の相互作用や観察を研究の対象とすべきと提唱しました。

　20世紀に入ると，ヴントの指導を受けた**ホール（Hall,G.S.）**が『入学児童の精神内容』を著し，初めて質問紙法で小学校入学児童の知識内容を調査しました。また，**キャッテル（Cattell,J.M.）**が**ゴールトン（Galton,F.）**から学んだ測定と統計的手法を精神測定に応用し，教育学における個人差の測定や研究を行いました。さらに，**ソーンダイク（Thorndike,E.L.）**は『教育心理学』を刊行し，知能や慣習や技能が受け継がれる基盤などについての実験的研究と測定，個人差とそれをもたらす要因の究明などを行いました。

　日本においては，1893年に東京帝国大学文科大学（現東京大学）に心理学の講座と実験室が開設され，**元良勇次郎**が「精神物理学講義」を始めたのが起源とされます。その後，1906年に京都帝国大学文科大学（現京都大学）に心理学講座が，1908年に心理学実験室が開設され，1915年に**松本亦太郎**と**楢崎浅太郎**による『教育的心理学』，1933年に**丸山良二**により『教育心理学』が刊行されました。このように心理学が学問的な進展を見せていく中で，教育実践を支える知見として，教育心理学が形づくられていきました。そして，戦後，「教育職員免許法」の中で教員養成の必修科目として教育心理学が位置づけられ，現在にいたっているのです。

3．教育心理学の研究法

　心理学の研究方法には，**観察法**，**実験法**，**面接法**，**質問紙法**，**心理検査法**があります。それぞれの方法について解説します。

　観察法とは，対象の言動をよく見て記録し，分析することで，行動の特性や法則を明らかにしようとするものです。一般に「自然観察法」と「実験観察法」に分類されます。自然観察法は，人間の行動を自然に起こるままに観察するというもので，例えば日常生活で生じる行動のエピソードを記録していく日誌法があります。また自然観察法の一種で，観察対象者の集団に入り込み，行動を記録する方法を参加観察法といいます。

　実験観察法には，あらかじめ設定した時間，場面，行動に限定して，対象となる行動が生起したか否か，その行動の原因や過程を分析する「時間見本法」「場面見本法」「行動見本法（事象見本法）」があります。

　実験法は，観察場面において，実験者が何らかの人為的介入を行い，それに伴う対象の変化を観察するものです。「フィールド実験」と「実験室実験」があります。フィールド実験は，現実の生活場面に実験を持ち込んで実施するもので，何らかの重要な出来事の生起または変化を原因とみなして観察しながら研究します。例えば，野外実験は，動物が生息する自然状況や人間の現実生活の雰囲気を維持しつつ，可能な限りで原因となる変数を変化させ，結果を観察します。

　実験室実験は，原因となる変数を操作し，そこに影響を与える要因をできる限り排除して，厳密な条件のもとで検討を行おうとするものです。例えば，シミュレーション実験は，現実には不可能な状況を実験室に作り出して研究します。

　面接法は，人と人が直接顔を合わせる場面で，主として会話することによって情報を得ようとする方法です。面接者と被面接者に分かれ，両者が1対1で行うものを「個人面接」，両者が複数人で行うものを「集団面接」といいます。さらに，面接者が被面接者に必要な情報を収集する目的で用いられるものが「調査面接」で，被面接者の抱える問題や症状に対して，心理治療や援助を目的として行われるものが「臨床面接」です。

　面接の方法としては，あらかじめ決められた質問票を用意し，設定され

た質問通りに面接を行う「構造化面接」，設定された質問があっても,その他の気になった点などを追加で質問することも認められる「半構造化面接」があります。

質問紙法は，調査者が被調査者に対して，文あるいは文章を質問形式で提示して，選択肢の中から自分のあてはまる回答を選択させたり，あてはまる程度を評定させたり，自由記述をさせたりして，個人の意見や態度，知識や感情や行動などを調べようとするものです。

質問紙調査で用いる尺度には，(a)調査者が独自に作成し，被調査者の回答を事実として捉えようとする段階のものと，(b)独自に作成した後に尺度の妥当性（測定しようとするものを正確に測れていること）と，信頼性（調査結果が正確であること）が客観的に検証されている段階のものがあります。(a)の段階の尺度は，測ろうとしているものさしが歪んでいる可能性もあり，対象者を適切に捉えられているかが定かでありません。よって，質問紙調査においては，(b)の段階のように用いようとする尺度の妥当性と信頼性を確認することが重要です。

心理検査法は，測定したい概念について，理論的に研究・調査され，統計的に信頼性と妥当性が確認され，利便性と有用性が備わった心理テスト（心理検査）を用いるものです。

例えば，「知能検査」「人格検査」「学力検査」「心理検査」などがあります。このような心理テストは通常，多額の費用と長い時間をかけて吟味して作成され，その過程や結果が手引書に詳細に記載されています。信頼性，妥当性に加え，実用性（検査を実施するにあたり，手続きや所要時間，採点や費用などにおいて現実性をもっているか）が客観的な方法で検討されているのです（この一連の作業のことを「標準化」といいます）。さらに，大規模な実験結果に基づき平均値が算出され，平均値からどの程度離れると対象への支援が必要かなどが明確にわかるように作成されています。その点で，個人が自作した質問紙による調査よりも精度が高い方法と言えるのです。

学校現場では，学力検査，知能検査，適性検査，子どもの適応状態を確認する検査や，性格や行動あるいは態度などの具体的な特性を把握するための検査など標準化されたものが多く活用されています。観察法や面接法と併用して児童生徒理解に努めることが重要です。

Tips 精神分析理論

精神分析理論は，オーストリアの精神医学者**フロイト**（Freud,S.）によって創始されました。理論の骨子は「幼少期の体験が性格を形成する」「**無意識**があらゆる行動の原動力になる」という2つです。特に，心の問題は自分で気づける「意識」の領域ではなく，自分では努力しても気づくことができない「無意識」の領域で起きているとし，無意識下に抑圧されているものがさまざまな精神病理を引き起こすエネルギーとなっているため，それを想起し克服すること，つまり「無意識の意識化」が重要であると，フロイトは考えました。治療の方法としては，夢や過誤行為などの現象を理解することや自由連想法を用いました。現在，フロイトの精神分析理論をそのまま学校における心理援助に用いることはありませんが，最初の心理療法として，後続のさまざまな心理療法に影響を与えています。

その後，フロイトの理論を発展させたり，不十分な点を補ったり，考えの違いから離反して他の理論を創始したりという動きの中で，心理学にかかわる多くの学派が生まれています。

精神分析理論自体にも個人心理学の**アドラー**（Adler,A.）や，分析心理学の**ユング**（Jung,C.G.）が登場して，三派に展開し，後に新フロイト主義へと発展しました。

まず，アドラーの個人心理学の中心的な考え方は，人には**劣等感**があり，それを克服するために，補償（P.98）が起こるというものです。実際にアドラーは幼少期から病気がちで劣等感に苛まれ，それを克服しようと努力を重ね，医師になりました。次に，ユングの分析心理学は，心的エネルギーを表す**リビドー**の方向により個人の性格を外向性と内向性に分けるなどの類型論を展開しました。さらに，新フロイト学派と呼ばれる**ホーナイ**（Horney,K.）や**フロム**（Fromm,E.），**サリヴァン**（Sullivan,H.S.）なども，さまざまな学問領域において活躍しました。

今日の教育心理学や発達心理学などの基盤となっているのは，**エリクソン**（Erikson,E.H.）です。フロイトの発達段階とは異なり，エリクソンが人格形成に対する社会や文化の影響を述べ，漸成的発達理論を唱えたことは大きな意味をもちました。このようにフロイトの精神分析理論から派生したさまざまな理論や学派が，今日の心理学の隆盛に寄与しました。

Tips 行動主義・新行動主義

　心理学が独立した学問として歩みだした19世紀は，直接的には見えない「こころ」を研究するために，自分の心を自分で観察して報告する内観法が用いられてきました。しかし内観法には，虚偽や錯誤の報告を識別できない，乳児や言語に障害がある人には用いられない，意識化できない部分は報告できない，などの欠点がありました。そこで，人間の「行動」を研究の対象とし，客観的な事象を捉えることで研究を蓄積する学派が出てきます。「行動主義」と呼ばれる心理学派です。

　代表的な研究者は行動主義心理学者の**ワトソン（Watson,J.B.）** です。ワトソンは，人間はどのような刺激を受けるとどのような反応をするか，という法則を明らかにすることに注力しました。この考え方はパブロフの**古典的条件づけ**の研究に影響を受けています。ワトソンは古典的条件づけをさらに踏み込んで実験を行い，乳児に対して恐怖刺激を与え，恐怖感情を条件づけました（2章3節参照）。またこれにより，人の感情も後天的に条件づけられた反応であると論じました。このことから，ワトソンは刺激として作用する環境が整えば，その影響を受けてだれもが一定の成果を出すことができると考え，遺伝よりも環境が重要であることを主張しました。1910年ころにはワトソン以外にも多くの学者が行動主義的見解を表明しました。

　1930年ころになると，新行動主義という学派が登場しました。特徴は学習中心の研究であり，環境刺激と行動の間にさまざまな媒介する変数があることを想定した点にあります。代表的研究者の一人である**トールマン（Tolman,E,C.）** は，人の体験と行動の間には期待や信念など心理的な概念が媒介すると考えました。また**ハル（Hull,C.L.）** は，刺激と行動の間に習慣強度や動因などをあげ，以降の学習や動機づけ研究が盛んになるきっかけとなりました。

　ソーンダイク（Thorndike,E.L.） や**スキナー（Skinner,B.F.）** は，学習に必要なものは反応の後にどれだけ強化が伴うのかということで，パブロフの**古典的条件づけ**と**オペラント条件づけ**を区別して捉えました。このような条件づけ研究は心理的援助の理論の一つである行動療法へと発展し，臨床場面でも役立っています。

Tips　ゲシュタルト心理学

　ゲシュタルト（Gestalt） とは，形という意味のドイツ語です。音楽では音を一つ一つ組み合わせることでまとまりのあるメロディが生まれてきます。またアニメでは絵を一コマずつ制作し，連続して再生すると人物が動いているように見えます。ゲシュタルト心理学では，個々のものが集まることにより，個々のものから予測できない性質をその全体がもつこと，また，あるまとまりをもつものは，部分に分解不可能であることを主張しました。

　ウェルトハイマー（Wertheimer,M.） は，この事象を，以下のような実験的な手法を用いて明らかにしました。まず単純な図形〔　　　　〕をスクリーン上に投影し，さまざまな時間間隔を空けて45度ずつ傾けて提示しました。すると，時間間隔が長すぎても短すぎても滑らかに動いているようには見えませんが，ある最適な時間間隔のときだけ，四角形が起き上がるように見えたのです。このように最適な時間間隔のときだけ生じるこの現象を，仮現運動と名づけました。仮現運動は実在する運動ではなく，現象にしかすぎないので，現象（phenomenon）という単語の最初のギリシャ文字ファイ（φ）を使用して，ファイ現象とも呼ばれます。

　さらに，ウェルトハイマーは，頭文字のWとMを重ねた刺繡を見たときに，文字よりもひし形の図形が強く印象に残ったという経験から，人間には物事をできるだけ簡潔にまとめて知覚しようとする傾向があるという**プレグナンツの原理**という法則を見出しました。

　このようなゲシュタルト心理学の考え方は，学習心理学にも影響を与えました。**ケーラー（Köhler,W.）** は「全体は部分の総和と異なる」という有名な主張を唱えました。また，チンパンジーの行動から**洞察**という学習があり，ソーンダイクがいう試行錯誤とは異なることを明らかにしました。さらに，**レヴィン（Lewin,K.）** は物理における場理論を人間の行動に応用し，集団力学（グループダイナミックス）を発展させました。集団力学は，集団の性質の記述や分類を行うだけでなく，集団生活や集団活動において，その集団ならびに集団内メンバーの行動特性を規定している諸法則や諸要因を科学的に分析，研究する領域です。具体的には，学級集団内での子どもの対人関係のあり方や集団の雰囲気等，教育実践に応用できる知見が豊富にあります。

Column　経験と勘からエビデンス・ベーストの実践へ

3Kのみに頼る教育実践の限界

　学校現場の教育実践は，3K（経験，勘，慣習）の教育実践といわれることがあります。それは次のような教員・教員組織の実態からくるものです。

(1) 個業意識・自己流

　教育実践には教員の価値観が伴うものであり，あらゆる教育実践を一つのものさし（価値軸）で評価することはむずかしいのです。どの教育実践にも多義性が伴うのです。にもかかわらず，教員間では，教育実践のあり方について，つきつめて議論されることは少なく，個々の教員によってなされている日常の教育実践の方法にかなりのばらつきがある状態が放置されている学校は少なくありません。

　以上の点を換言すれば，教員たちの個業意識のもとで教育実践が展開されている面がある，ということです。**個業意識**とは，個人の考えで仕事を自己完結的に遂行することです。他者から評価されることがない中で自己流を続けていくのみだと，教員は徐々に唯我独尊の境地に至り，教員実践をひとりよがりに遂行するようになってしまうのです。

(2) 個業意識から発生する遂行目標による実践

　目標には，習得目標と遂行目標があります。**習得目標**とは，自分自身の能力を伸ばして有能感を得ようとする目標であり，自発的で建設的な取り組みにつながるものです。いっぽうで，**遂行目標**とは，自分の有能感を維持しようとする目標であり，自分の高い能力やプラス面は誇示したり自慢したりし，低い能力やマイナス面は露呈しないようにして，隠したりごまかしたりする傾向につながります。

　個業意識の強い教員は，遂行目標で教育実践に取り組みやすく，自分にとって不都合な結果・自分の責任を問われかねない問題が発生した場合，それを隠してしまう可能性が高いことが指摘されています。このような対応が繰り返されることが「学校の閉鎖性」と社会から批判される状況を生んでしまっているのです。

(3) 教員組織の特異性：疎結合システム

　個業意識，遂行目標で教育実践に取り組むような教員たちが集う教員組織は，しだいに**疎結合システム**の組織風土になっていきます。疎結合シス

テムとは，個々の教員の独立性と分離性が保たれる弱い関係性の状態で，校内の教員同士が相互不干渉になっている状態です。

　疎結合システムの組織に所属する教員は，教育問題に対して組織的に対応するという意識が弱くなり，かつ，各自の教育実践に関して教員同士で相互評価することを避ける傾向が強くなります。つまり，自分が批判されたくないので他者も批判しないという思考が，組織の暗黙のルールになっていくのです。こうなると，たとえ取組みの水準が低くても周りから指摘されることは少ないので，自発的に改善されることはほとんどなくなっていきます。

エビデンス・ベースト・エデュケーションへ

　エビデンス・ベースト・エデュケーション（evidence based educathion）とは，根拠（エビデンス）にもとづく教育のことです。教育実践が教員個々の恣意的な経験や慣習などに依存したもの，つまり，「３Ｋ（経験，勘，慣習）」にとどまるのを打破することをめざし，実証的な根拠と科学的な分析にもとづき，有効性が認められた教育方法や対応の仕方を，自ら進んで教育実践に採り入れていこうとするものです。ここに，教育心理学の研究が生かされることが期待されるのです。

　現代の学校教育では，子どもに資質・能力（コンピテンシー）を育成することが期待され，教員には，子どもの学習活動が「主体的・対話的で深い学び」となるような授業改善の遂行が，切に求められています。これを実現するキーとなるのが**カリキュラム・マネジメント**です。カリキュラム・マネジメントとは，子どもへの教育を充実させるために，各学校の問題を解決するための手立てを具体的に計画し，実践し，その評価を行い，よりよいものに改善していく一連の作業です。まさにエビデンス・ベースト・エデュケーションです。

　これからの学校教育においては，教員各自が個業意識を排除し，有効性が認められた教育方法や対応の仕方を，自ら進んで教育実践にとり入れ，そのもとで教育実践を展開していくことや，教員各自の教育実践を客観的な指標で評価し，教員たちでより向上をめざして検討していくことがますます大きな意味をもってくるでしょう。すなわち，エビデンス・ベースト・エデュケーションの考え方をとり入れることが，切に求められるのです。

[第Ⅱ部　発達の心理とは]

第2章
発達とは

　教育が人間形成を助成するものならば，人間の成長・発達の理解をすることなしには，教育は成り立ちません。そもそも人間はどのように成長・発達していくのでしょうか。

　受精から死にいたるまでの人間の心身の変化・変容において，身長が伸びるなどの測定可能な量の変化を「成長」といい，運動機能や精神機能などの質の変化を「発達」といいます。

　発達には一般的にみられる傾向があります。教員が子どもたちに適切な支援を行ううえで，子どもの発達に関する一般的な傾向を理解しておくことが有効です。本章では，人間の発達について考えてみましょう。

1. 発達段階

　心理学における発達とは,「受精の瞬間から死にいたるまでの人の心身の構造や機能が量的にも質的にも変化をしていくこと」を示します。かつて発達というと,成人になるまでの上昇的な変化の過程を発達と捉え,それ以降の加齢に伴う下降的な変化の過程は含まれていませんでした。しかし現在では,成人期以降にも上昇的な変化がみられること,下降的な変化が必ずしも生物学的な加齢に伴うわけではないことなども示され,一生涯を通じて人は発達していくという**生涯発達**の視点で捉えられています。

　人の一生を概観する際に,ある時期に顕著に発現する特徴を手がかりに,いくつかのまとまりに分けて捉える考え方があります。これを**発達段階**といいます（図）。胎児期は受精から約280日間（10ヵ月/40週）で,母親の胎内にいる時期です。乳児期は生後1,2歳の時期であり,そのうち生後1ヵ月までを新生児期と呼びます。幼児期は1,2歳から6歳までの時期をいいますが,より細かく分類し,1,2歳から3歳までを幼児前期,3歳から6歳を幼児後期と呼びます。6歳から12歳の小学生の時期は児童期です。6歳から9歳を児童前期,9歳から12歳を児童後期と呼びます。

　さらに12歳から22歳までを青年期といいますが,その内12歳から15歳の小学校高学年から中学生の時期を思春期,15歳から18歳の高校生の時期を青年前期,18歳から22歳までの大学生の時期を青年後期と呼びます。成人期とは22歳以降を指しますが,成人期以降の発達は個人の生活史によってさまざまであり,分類される年齢が決まっているわけではありません。20～30代を成人期,40～50代を壮年期,60～65歳以上を老年期と呼ぶこともあります。

一般的発達段階 (石﨑, 2003)

発達段階	段階区分の目安	およその時期
胎児期	受精～出生	—
乳児期	～歩行・言語使用の開始	誕生～1,2歳
幼児期	～運動・会話がいちおう自由	1,2歳～6歳
児童期	～第2次性徴の出現	6歳～12歳
青年期	～生理的成熟と心理的諸機能のいちおうの完成	12歳～22歳

2. 成熟優位説

　アメリカの小児科医**ゲゼル**（Gesell, A.L.）は，健康な乳幼児数千人の行動の発達を調査し，発達の順序を明らかにしました（図）。また，「子どもの身体構造と行動の年齢的変化は，主として先天的・遺伝的にもつ特質の展開すなわち成熟による。環境は基本的な形式の出現にはほとんど影響を与えない」と主張し，**成熟優位説**を唱えました。

　ゲゼルは，多くの実験によりそれを検証しようと試みました。代表的な研究が**双生児統制法**による階段のぼりの訓練実験です。生後46週の双生児の一方（T）に6週間，階段のぼりの訓練を行ったところ，26秒でできるようになりました。訓練しなかった双生児（C）はこの時点で45秒かかっていますが，53週からCに2週間訓練すると10秒でのぼることができるようになりました。さらに，79週には2人の差はみられませんでした。

　このことから，身体・運動の発達として十分な時期が来ると，短期間の訓練でできるようになること，言いかえると，身体・運動機能が成熟していないのに訓練しても意味がなく，行動の発達には訓練よりも成熟が重要であることを主張しました。つまり，学習にはそれを成立させる準備状態である**レディネス**が必要であり，レディネスは成熟により獲得されるとしたのです（ただし，実験そのものに対しては，方法や学習に対しての考え方に問題があることが後に指摘されています）。

ゲゼルの発達表の「行動型」　(Gesell, 1974：会田, 1996)

1. 一人歩きができ，転ばない
2. 自分で小さな椅子に座る
3. 1度に2〜3頁をめくる
4. 3個で塔を作る
5. 積木でコップを満たす
6. 瓶から小球をポトリと落とす
7. まねて線をひく
8. 一つの絵を見分ける

3. 環境優位説

　アメリカの心理学者の**ワトソン**（Watson,J.B.）は，内観によって研究をする心理学ではなく，観察可能な刺激や反応を重視する行動主義心理学にもとづき，発達は習慣（刺激と反応の連合）の形成であることを提唱しました。

　ワトソンは，「私に1ダースの健康な新生児と，私の望む育児環境を与えてくれたまえ。そうすれば私は，どの子どもも訓練して，私が選んだどんな専門家にもしてみせることを保証しよう。例えば，医師・法律家・芸術家・大実業家など。そう，乞食にも泥棒にもしてお見せしよう。子どもの才能・好み・傾向・能力・適性・祖先の職業や民族など問題ではない」と言い，環境を操作することによって，思いのままの子どもを育てられると豪語しました。このように，ワトソンは，子どもを受動的な存在とみなし，環境の働きかけとその働きかけによる経験が発達を促進するという，**環境優位説**を唱えたのです。

　この考えは，**パブロフ**（Pavlov,I.P.）の古典的条件づけに影響を受けています。有名な実験に，ワトソンと**レイナー**（Reina,R.）による乳幼児の情緒反応の成立に関する実験があります。具体的には，生後11ヵ月のアルバートという乳児に対する白ネズミを用いた恐怖反応の条件づけ実験です。ワトソンは最初にアルバートに白ネズミを見せます。アルバートは怖がることも泣くこともありません。その後，ワトソンは白ネズミを見せるたびにアルバートの耳元で大きく不快な音を鳴らし，驚かせます。すると，アルバートは大きく不快な音が怖くて泣きます。白ネズミを見たときにその音を繰り返し鳴らすことで，アルバートは白ネズミを見ただけで怖がるようになりました。この実験により，古典的条件づけが人間の感情にも適用可能なことを示したのです。

　なお，アルバートに対する実験は恐怖反応の除去実験がなされないままに終わり，ヒトを対象とした心理学実験の倫理性に問題が残りました。ワトソンはその後，白ネズミを怖がる3歳のピーターに対する恐怖を消去する条件づけに成功しています。

　現在では，恐怖反応の治療法として，脱条件づけ，脱感作療法の手続きが臨床場面で用いられています。

4. 輻輳説

ゲゼル（Gesell, A.L.）と**ワトソン（Watson, J.B.）**によって，人間の発達には遺伝（成熟）の影響が強いのか，環境（学習）の影響が強いのか，という議論が沸き起こりましたが，実際の発達は，遺伝（成熟）のみ，環境（学習）のみという単一の要因が影響を与えているわけではありません。これを捉えて，**シュテルン（Stern, W.）**は「発達には遺伝も環境もどちらも作用している」という**輻輳説**を唱えました。下図は，輻輳説における遺伝と環境の関係を示した**ルクセンブルガー（Luxenburger, J.H.）**の図式です（**図**）。

これは，ある形質（例えば，身長や運動能力，知能など）が対角線上のXの位置にあれば，遺伝と環境の影響がE：Uの割合であることを示す図式です。E点の割合が大きくなると遺伝の規定を強く受け，U点の割合が大きくなると環境の影響を強く受けると考えます。またE点，U点は極限点を表しますが，遺伝または環境の規定だけを受ける形質は存在しないものと考えます。

輻輳説という折衷案の登場により，遺伝か環境かという議論は結論したようにみえましたが，「遺伝＋環境」という単純な加算の関係として発達を捉えている点が批判されました。つまり，遺伝が発達の途中で種々の環境要因と複雑に絡み合い，力動的に相互作用している点については考慮されていないのです。例えば，知能の発達においても，一卵性双生児の方が二卵性双生児よりも対の一致度が高いのですが，一卵性双生児でも別々の家庭で育った者の一致度は，同一の家庭で育った者の一致度より低いといえます。人間の発達を遺伝と環境の加算で説明することにも限界があるのです。

ルクセンブルガーの図式 (新井，2000)

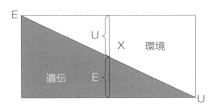

5. 環境閾値説

　ジェンセン（Jensen, A.R.）は，遺伝と環境の両要因が相互に作用するという，**環境閾値説**を提唱しました（**図上**）。

　これは，遺伝的な可能性が顕在化するために必要な環境の量や質は特性ごとに異なり，各特性は一定水準の環境条件が存在すると現れ，存在しないと現れないという考え方です。例えば，身長などの特性はよほど不良な環境条件でない限りその可能性が顕在化されていきますが，外国語音韻などの特質は特別の教育や訓練などの環境条件がきわめて豊富でなければ可能性が顕在化されていかない，と考えます。

　さまざまな心理・行動的特質に遺伝と環境がどの程度影響するかを調査した研究があります（**図下**）。

　安藤（2011）は，空間性知能は遺伝の影響が強いこと，言語性知能は環境の影響が強いことなど，一概に知能といっても遺伝と環境の影響の度合いが異なることを示しました。また性格についても，誠実性や開放性は遺伝の影響が比較的強く，調和性は遺伝よりも環境からの影響を強く受けるなど差異がみられました。

遺伝可能性が顕在化する程度と環境の質との関係　(Jensen, 1968：石崎, 2017)

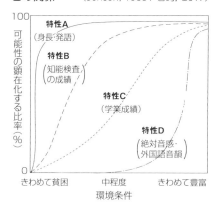

心理的・行動的形質に寄与する遺伝と環境の影響
（安藤　2011）

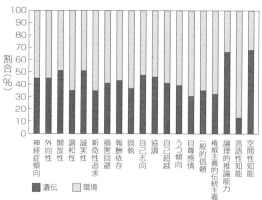

6. 相互作用説

発達という概念は，それ自体が時間の経過を含むものです。**サメロフ (Sameroff, A. J.) の相互作用モデル**は，遺伝と環境が相互に影響をし合いながら，子どもが発達的に変化していく様態を示そうとしました（**図上**）。

またサメロフは，遺伝的な影響を多分に受ける子どもの気質と，環境要因としての養育環境の相互作用による，発達の進み方のモデルを描きました。例えば，不安の強い母親が赤ちゃんを授かった際に，母親の神経質な言動と，気むずかしさの特性をもつ赤ちゃんとの相互作用によってネガティブな様相が増幅されていくという考え方です（**図下**）。

現在の学校現場では，相互作用説の考え方が受け入れられています。そして，子ども自身が環境への働きかけの主体性を十分に発揮しつつ，子どもの発達を促進するような教育環境を整えることが求められています。

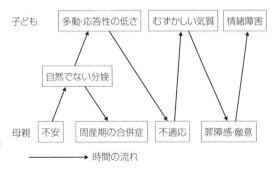

サメロフの相乗的相互作用モデルによる母子相互作用
(Sameroff, 1975：三宅, 1990)

情緒障害にいたる母子のかかわり
(Sameroff, 1975：三宅, 1990)

妊娠中から強い不安を抱いていた婦人が，無痛分娩の処置を医師に求めたところから始まる。子どもは早くからむずかりなどが目立ち，母親のほうにも産後の心身の問題があった。母子双方にあるネガティブな条件が互いに影響を与え合って次第に母親の不安は増大し，それとともに子どものむずかしさも顕著になり，母親はやがて子どもに罪悪感や敵意をもつようになり，ついに子どもに情緒障害がみられるにいたった。

第2章 発達とは

7. 臨界期・敏感期

　生後初期の環境から受ける影響は，その後の発達に大きな影響を与えるといわれています。動物行動学者の**ローレンツ（Lorenz, K. Z.）**は，離巣性鳥類のヒナは孵化した直後に，最初に見た動くものを自分の母親とみなして後を追う**刷り込み（インプリンティング）**が起こることを発見しました。ただし，このような行動は一定の期間を過ぎると起こらなくなります。特定の時期にだけ有効な発達において，そこを逃すと発達が困難になる時期を**敏感期**と呼びます。特に神経回路や行動に対する影響が根本的で不可逆的なため，そこを逃すと発達が見込めなくなる時期を**臨界期**と呼びます（**図**）。

　人間の場合については，**ボウルビィ（Bowlby, J.）**は養育環境が非常に不良な状態で乳幼児期を過ごすことは，後の発達に望ましくない影響を与えると指摘しました。しかしその後の研究により，人間は**初期経験**に問題があった場合でも，環境が変われば発達の遅れを取り戻すことが可能である，つまり**可塑性**があることが見出されました。例えば，劣悪な環境の施設に収容されていた幼い孤児が養子に出され，里親のもとで適切な養育を受けた結果，身体面の急速な発達や，知的機能における良好な回復を示しました。ただし，情緒的回復は幼少期の養育環境の影響が大きく，可塑性には限界があることも示されました。

　人間の発達においても初期経験が重要であるといえますが，他の動物に比べると臨界期は緩やかなのです。

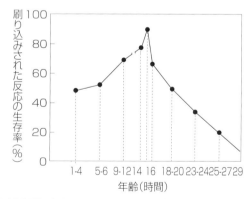

インプリンティングの臨界時間 (Hess,1958：村田, 1975)

(注) 生後時間数の各時間においてインプリンティング対象を呈示し，それから24時間後に，テスト（インプリンティング対象と，新しい対象物を呈示）を行った。インプリンティング対象への追従反応出現率を示す。

　図の●は各時間においてインプリンティングされた反応が生じた率の平均値を示す。この曲線から，最も強力にインプリンティングされる時間が生後16時間後であり，30時間後ではインプリンティングの力が極度に弱まることがわかる。

8．発達と教育

成熟優位説の考えのもと，**ウォッシュバーン（Washburne, C.W.）**が行った，算数教材と精神年齢についての調査（**図上**）を経て，成熟が一定の段階に達するまで学習や訓練を待つべきだという考えが主流になりました。

しかしその後，**ブルーナー（Bruner, J.S.）**は，予想していた年齢よりも早い時期に学習が可能であるとして，教材や教具を工夫して8歳児に2次関数を理解させることが可能であることを示しました。そして，レディネス重視の教育観に反論し，重要なのは，子どものもっている知的水準の程度に合わせて，カリキュラムや教材，教授方法を工夫することであると主張しました。

また，ブルーナーの後にも，**ヴィゴツキー（Vygotsky, L. S.）**が，子どもの発達には，①独力で問題を解決できる水準（現在の発達水準）と，②援助によって初めて解決できる水準（発達しつつある水準）があり，その間の領域が**発達の最近接領域**（**図下**）であると指摘しました。

そのうえで，教育とは発達の後追いをするのではなく，発達に先行してなされるものであり，発達の最近接領域に働きかけることであると主張しました。

算数教材と精神年齢 (washburn, 1931：河合・松山, 1989)

教　材	最低の精神年齢	最適の精神年齢
10以下の加算	6歳：5ヵ月	7歳：4ヵ月
50以下の減算	6：7	8：3
10以上の加算	7：4	7：11
10以上の減算	7：8	8：11
減法の応用	8：9	8：9
分数の意味	9：0	10：9
同分母分数の加減	9：10	11：1
乗法の九九	10：2	10：2
複合乗算	10：4	11：0
棒グラフ	10：5	―
少数の加減	10：11	12：6
短除法	11：4	11：4
百分率	12：4	13：11
長除法	12：7	12：7

※「最低の精神年齢」とは，その教材の学習にはそれ以下では早すぎることを示す。「最適の精神年齢」とは，その教材を学習するのにもっとも適した年齢を意味する。

発達の最近接領域 (vigotsky, 1934：矢野, 1988)

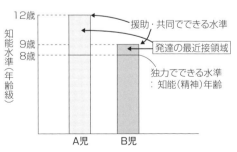

9. エリクソンの発達理論

　エリクソン（Erikson, E.H.）は，人間は生涯にわたり繰り返し葛藤を乗り越えていくものという観点から，**漸成的発達理論（ライフサイクル論，心理社会的発達理論）**を提唱しました。ここでいう漸成とは，順序を飛ばすことなく，前の段階の発達を土台にして次の段階が発達することです。考え方は次の①～④の内容です。
　①人間のパーソナリティは，生物学的に規定されたプログラムに従って，あらかじめ決定された各段階にそって発達していく
　②社会とのかかわりの中で心の発達が起こる
　③各段階における心理・社会的危機がある
　④個人と家族の発達的危機は相互に関連し合っている
　各々の発達段階には自我発達のテーマ（発達課題）が対立図式で説明されており（**右図上**），対のどちらに傾くかの分岐点を**危機（crisis）**と表現します。ここでいう「危機」は「危険」という意味ではなく，解決すべき中心的な課題を意味します。例えば乳児期の発達課題である「基本的信頼 対 不信」では，乳児期に母親を通して世界は信頼できるということを学びます。信頼を学ぶことも不信を学ぶこともどちらも重要で，各発達段階で両面を経験し，バランスのよい状態でその段階を終え，徳（心理的活力，強さ）を獲得して次の段階に移行することが重要という考え方です。ここでいう徳とは，各段階において重要な対人関係や影響を与える環境や，発達課題を達成できた人が得られる強さのことです。青年期欄の水平方向の内容は，各発達段階の危機の乗り越えることで，青年期に現れる特徴を示します。垂直方向の内容は，青年期の発達課題であるアイデンティティ形成に向けて現れる各段階における特徴です。エリクソンは，各段階において必要とする人々との関係を通して，それぞれの時期の課題を解決することによって，次第に統合した人格を形成していくと考えました（詳しくは，**右図下**を参照）。
　以上のような発達段階と発達課題の考え方は，人間の発達を促進するという視点で教育を捉えたとき，教育に求められるものとして，子どもの知識や技能の習得だけではなく，個人の人格の形成，国民・市民としての育成の必要性をも提起しています。

エリクソンの精神発達（自我発達）の漸成理論図 （西平，1979）

(死へのレディネス)

Ⅷ 成熟期								統合性 対 嫌悪・絶望
Ⅶ 成人期							生殖性 対 自己吸収	
Ⅵ 初期成人期					連帯感 対 社会的孤立	親密さ 対 孤立		
Ⅴ 青年期	時間的展望 対 時間的展望の拡散	自己確信 対 自己意識過剰	役割実験 対 否定的同一性	達成期待 対 労働麻痺	アイデンティティ 対 アイデンティティ拡散	性的同一性 対 両性的拡散	指導性の分極化 対 権威の拡散	イデオロギーの分極化 対 理想の拡散
Ⅳ 学童期				生産性 対 劣等感	労働アイデンティティ 対 アイデンティティ喪失			
Ⅲ 遊戯期	（その後の現れ方）↑		主導性 対 罪悪感		遊戯アイデンティティ 対 アイデンティティ空想			
Ⅱ 早期児期		自律性 対 恥・疑惑			両極性 対 自閉			
Ⅰ 乳児期	基本的信頼 対 基本的不信				一極性 対 早熟な自己分化	←（その以前の現れ方）		
中心となる環境	母	両親	家族	近隣・学校	仲間・外集団	性愛・結婚	家政・伝統	人類・親族
徳	希望	意思	目的	有能感	忠誠	愛	世話	英知

エリクソンの漸成理論図の解説 （井森，2010）

エリクソン（1959）はアイデンティティの概念を中心に自我発達の理論を構築した。図のように彼は人間の一生を8つの漸成的段階に分けたが，その発達段階は自我発達の予定表であると同時に所与の社会状況を反映している。人は生物学的に，心理的に，社会的に準備が整うと次の段階へと進む。たとえ一時的な退行が生じたとしても自我の統合機能によって回復可能であり，この機能が段階間の連結を推し進める。それと同時にどの発達段階にも対立し葛藤する二つの力が作用し合っている。それが，それぞれの段階での自我発達のテーマ（発達課題）であり，どちらに傾くかの分岐点，峠が危機（crisis）とよばれるものである。図式では対角線上に各段階でもっとも顕著となる危機（発達課題）が示されている。自我はそれらを統合していかなければならない。この葛藤を解決していくことによって，人間の強さ（徳）が得られ，それに続く後の危機の統合に有効に働く。なお，対角線以外の枠には，理論的には，青年期の水平方向に入れられているように，各発達段階でそれ以前のテーマの現れ，その後のテーマの徴候が入るのであるが，エリクソン自身，すべての枠を埋めるという作業は行っていない。

10. ピアジェの発達理論

　ピアジェ（Piaget, J.）は，子どもがどのように外界を認識し，記憶し，学習し，思考するのかという認知機能に着目して，4つの発達段階を経て認知が発達することを提唱しました（**表**）。

　第1段階（生まれてから2歳くらいまでの時期）は，**感覚運動期**です。子どもは物を直接的に目で見て，耳で聞いて，触れて感じ取るというように，外界との相互作用が感覚機能と運動機能によって行われるとしました。

　第2段階（2歳から7歳くらいまでの時期）は，**前操作期**です。直接的な物の世界だけでなく，目の前にその対象がなくても，頭の中に表象（イメージ）を再現できるようになるとしました。ただし，論理的な思考はまだ不十分で，直感的な物の判断にとどまるとしました。

　第3段階（7歳から11，12歳までの時期）は，**具体的操作期**です。直接的に見たり，触れたりできる物については，論理的思考も可能になるとしました。

　第4段階（11，12歳以降）は，**形式的操作期**です。具体物に縛られることなく，問題全体を捉え，仮説的・抽象的な問題においても，大人同様に論理的な思考や抽象的な推論などができるようになるとしました。

ピアジェによる思考の発達段階 (柴田，2010)

段階	年齢	特　徴
感覚運動期	0～2歳	・運動と感覚を通した外界への働きかけ ・対象の永続性が獲得される ・象徴的な思考が可能になる
前操作期	2～7歳	・自己中心的な直観的思考 ・アニミズム ・保存の概念が不十分
具体的操作期	7～11，12歳	・具体的場面なら保存概念が成立する ・脱中心的な思考が可能になる ・クラス概念の形成が可能になる
形式的操作期	11，12歳～成人	・具体的事物を越えた思考が可能になる ・抽象的概念を操作できる

11. ハヴィガーストの発達理論

発達課題とは，特定の**発達段階**で学習によって形成されるべき課題のことです。**ハヴィガースト**（Havighurst, R.J.）は，人が社会の一員として健全で幸福な成長を遂げるために期待される社会的役割に注目し，人生を6つの段階に分け，それぞれの段階における発達課題を提起しました。

発達課題は，①自己と社会に対する健全な適応にとって必要な学習である，②一定の時期に学習されることが望ましい（その後も存在し続ける課題もあるが，その意義は弱まっていく），③各発達課題は子どもの興味や関心を喚起する，という意義と特徴をもっています。

各発達段階には，獲得すべき独自の行動様式や知的発達の目標があります。各発達段階での具体的な発達課題は，次頁（P.34）の**表**の通りです。

ハヴィガーストの発達課題では，行動の学習，他者との関係性の形成や維持，自己に対する態度，両親・道徳性・価値観の発達，性役割の受容，両親からの独立，職業選択など，重要な課題が網羅的に提起されています。

発達課題が具体的に示されることは教育者にとって有用です。それは，学校において子どもが発達課題を確実に達成することを援助するための指標となり，達成状況の評価が可能になることや，教育的努力を払うべき適時が明確になることからです。

なお，学校教育の中でその学齢の各時期に達成しておくべき課題のことを教育課題といいます。例えば石隈（1999）は，青年期の学習面の発達課題と教育課題について，次のように整理しています。

発達課題
抽象的な思考や科学的論理が実行できる／社会の仕組みを理解して，社会の問題点を把握し，批判できる／内面の言語化が可能になる

教育課題
高校での学習に興味・関心をもつ／学習習慣を維持・強化する／小学校・中学校時代の学習成果を補いながら，生かしながら，新しい教科内容を理解する／高校時代の学習生活や学習内容に応じる学習方略を獲得する／大学受験や就職試験などの準備の学習をする

ハヴィガーストの発達課題 (Havighurst, 1953：石﨑, 2017)

発達段階	発達課題
乳・幼児期	●歩行の学習　　　　　　　　　　●固形食を取る学習 ●話すことの学習　　　　　　　　●排泄の学習 ●性差と性的つつしみの学習　　　●生理的安定の達成 ●社会的・物理的現実について単純な概念の形成 ●両親・きょうだいの人間関係の学習 ●善悪の区別・良心の学習
児童期	●日常の遊びに必要な身体的技能の学習 ●生活体としての自己に対する健康な態度の形成 ●遊び仲間とうまくつき合うことの学習 ●男子あるいは女子としての適切な社会的役割の学習 ●読み・書き・計算の基礎的能力の発達 ●日常生活に必要な概念の発達 ●良心・道徳性・価値観の発達 ●個人的独立の達成 ●社会集団や制度に対する態度の発達
青年期	●両性の友人との新しい，成熟した人間関係をもつこと ●男性または女性としての社会的役割の達成 ●自分の身体的変化を受け入れ，身体を有効に使うこと ●両親や他の大人からの情緒的独立の達成 ●経済的独立のめやすを立てる ●職業の選択とそれへの準備 ●結婚と家庭生活への準備 ●市民として必要な知的技能と概念の発達 ●社会人としての責任ある行動をとること ●行動を導く価値観や倫理体系の形成
壮年期	●配偶者の選択　　　　　　　　　●配偶者との生活の学習 ●第一子を家族に加えること　　　●子育て ●家庭管理　　　　　　　　　　　●職業につくこと ●市民的責任を負うこと　　　　　●適した社会集団の選択
中年期	●市民的・社会的責任の達成 ●経済力の確保と維持 ●十代の子どもの精神的な成長の援助 ●余暇を充実させること ●配偶者と人間として結びつくこと ●中年の生理的変化の受け入れと対応 ●年老いた両親への適応
老年期	●肉体的な力，健康の衰退への適応 ●引退と収入の減少への適応 ●同年代の人と明るい親密な関係を結ぶこと ●社会的・市民的義務の引き受け ●肉体的に満足な生活を送るための準備

Tips フロイトの発達理論

フロイト（Freud, S.）は，人間は性的な欲動（リビドー）を生まれながらもっており，成長とともに口や肛門，性器といった特定の部分に留まり，発達していくと考えました（表）。

そして，各発達段階における「固着（満たされず，次の段階に進めない状態）」や「退行（不適応を起こし，前の発達段階に戻ること）」によって，性格の形成や病理を説明しました。例えば初期の段階である口唇期は，養育者から乳を与えられるため，口唇に性的な欲動を感じるとされます。そこで満たされると次の段階へ進みますが，満たされないと口唇期に固着が起こり，依存的で受動的といった性格をもち，喫煙や飲酒，食事などといった口唇にかかわる刺激を求めるといわれます。

しかし，このフロイトの考えについては男性の性的発達が中心となっていることや科学的な根拠がないことなどにより，提唱されたころからさまざまな議論がなされています。

フロイトの発達段階

口唇期 生後〜 1歳半ころ	乳児は養育者から乳を与えられるため，口唇部分が性的に敏感となります。口唇活動を通して適度な愛情を経験できなかったとき，依存的で受動的といった，口唇性格と呼ばれる性格特性が形成されます。
肛門期 1歳後半〜 3, 4歳ころ	この時期は排泄行為に快感を感じ，強い関心を向けます。この排泄という行為は環境に対する能動的なかかわりを表し，自律性と関係します。この時期に満たされなかった場合，頑固，几帳面，倹約家といった，肛門性格が形成されます。
男根期 （エディプス期） 3, 4歳ころ〜 6, 7歳ころ	性器に対する関心を抱く時期で，異性の親に性的関心をもち，同性の親を憎む一方，拒否・復讐されるのではという不安を呼び起こします（エディプス・コンプレックス）。この時期に満たされなかった場合，負けず嫌いや攻撃的な男根期自己愛性格が形成されます。
潜伏期 6, 7歳〜 思春期	この時期は，性に対する欲望が一次的に不活発になり，社会的規範の学習や知的活動，仲間との活動にエネルギーを注ぎます。なお，人格の形成については，潜伏期前までの経験によってある程度決定されるといわれています。
性器期 11, 12歳 から	これまでの部分的欲動が統合され，成人期に近い異性愛へと移行・発展する時期となります。この時期になると一人の人間として性対象を求めるようになります。

Column 発達の加速現象

　近年の学生たちを見ていると，一昔前よりも身長が高くなったように感じます。実際に子どもの成長に関する資料を比較してみても，年代が新しくなるにつれて，子どもの身体的発達が早まっていることを示すデータが見出されます。

　世代が新しくなるにつれ，身体的発達が促される現象を**発達加速現象**と呼びます。発達加速現象は，栄養状態の改善や生活様式の欧米化などの可能性が指摘されています。発達加速現象には，**成長加速現象**と**成熟前傾現象**の２つの面があります。成長加速現象とは，身長や体重などの量的発達が促進される現象で，15歳の女子の平均身長の推移が代表例となります（**左表**）。いっぽう，成熟前傾現象とは，性的成熟や質的変化の開始年齢が早期化する現象で，初潮開始時期の推移が代表例となります（**右表**）。

15歳の女子の平均身長の推移
1901年——144.8cm
1950年——150.2cm
1975年——155.7cm
2000年——157.3cm

初潮開始時期の推移
1961年——13歳2.6ヶ月
1972年——12歳7.6ヶ月
1982年——12歳6.5ヶ月
2002年——12歳2.0ヶ月

　発達加速現象を捉える視点には，次の２点があります。
①**年間加速現象**——異なる世代の同年齢間で発達差が見られる現象
②**発達勾配現象**——社会的階層間，都市部ー郡部間などの地域間で発達差がみられる現象

　身体的発達が加速することは進化のように感じられますが，一概にプラスとはいえません。人間は心と体がバランスよく発達して，社会に適応して生きていくことができるものです。若いうちに成人並みの身体的発達を遂げても，内面は幼く，価値観や行動基準は未熟で，社会のルールも十分に理解できていなかったら，身体的発達と精神的発達にアンバランスが生じます。それによって，アイデンティティの確立が遅れたり困難になったりする，という指摘があります。青年期が長期化する現象もその一例と考えられています。

[第Ⅱ部　発達の心理とは]
第3章
乳幼児期の発達過程

　人間の発達は連続的・継続的に進行していくものですが，特定の年齢時期は他の年齢時期とは異なる特徴のまとまりをもっています。その各時期には解決すると適応がうまくいき，次の段階への移行がスムーズになる課題があります。本章では乳幼児期（～6歳）の発達について取り上げます。
　自分一人の力では生きていくことができない乳幼児は，大人の養護を不可欠としています。いっぽうで，乳幼児の時期は発達的変化が一生涯のうちで最も大きい時期です。
　乳幼児期の発達過程に関する一般的な傾向を理解し見通しをもつことで，より適切な支援が可能になります。本章では，乳幼児期の発達過程について考えてみましょう。

1. 発達の原理

　子どもの発達の過程には，共通した基本的特徴が見出されます。

(1)**分化と統合の過程（右図上）**
　心身の機能の発達は細かく分化していき，その後，それらにまとまりが生まれます。

(2)**方向性（右図中）**
　胎児の頭身の変化の過程をみると，発達の順序には「頭部から尾部へ」，「中心部から周辺部へ」という2つの方向性があります。

(3)**順序性（右図下）**
　発達には，どんな子どもにも共通する順序が認められます。順序の乱れや飛躍がみられる場合は，発達の異常が疑われることがあります。

(4)**臨界期**
　人間にはその時期だけ有効になる発達があり，その時期を逃すと発達が困難になります。

(5)**連続性**
　発達的な変化には飛躍がなく，連続して起こります。外見上は変化がわかりにくい時期でも，生体内部で何らかの変化の準備が起こっています。

(6)**個人差・性差**
　個人によって発達には差異があります。一定の順序に従ってバランスの取れた発達を示している場合には，多少の遅れは個人差の範囲とみてよい場合が多いのです。

(7)**異速性・成長率の違い**
　心身の種類によって成長率に違いがあります。例えば身体発達において，おもに筋肉や脂肪などの体の組織が形成される充実期，おもに骨が伸びる伸長期が，青年期まで交互に訪れることが知られています。

(8)**順応性**
　発達が遅れても，条件が整えば元どおりに回復していきます。

　以上の一般的な傾向は，教育する側が子どもの現状を理解し，教育プログラムを作成する上で，基本的な指標となっています。

物のつかみ方の発達 (三木, 1958)

	2ヵ月	4ヵ月	6ヵ月	8ヵ月	10ヵ月	12ヵ月
つかみ方	把握反射	小指と掌の間に入れてつかむ。	親指以外の4本の指と掌の間に入れてつかむ。小さな物をつかむときは4本の指を揃えて,掻き寄せるようにする。	親指を人さし指のほうに動かせる(内転)ようになり,有効に働きはじめる。	指が一つ一つ独立して来て,親指と人さし指でものをつまめるようになる。	親指と人さし指でつまんだとき,他の指が広がらなくなる。

運動発達の方向性 (佐々木, 1982より作成)

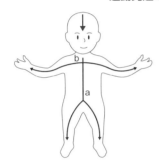

a：頭部—尾部勾配
　身体の発達は,頭部から尾部,脚部の方向に向かって進行すること。

b：中心部—周辺部勾配
　身体の発達は,中心部から周辺部(末梢部)へ向かって進行すること。

運動発達の順序 (Shirley, 1961：長谷川, 2014)

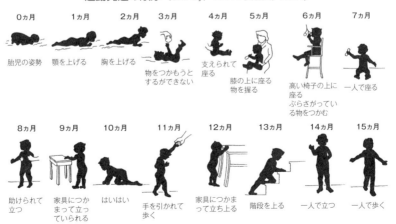

2. 幼児期までの運動発達と身体発達

新生児期に観察される運動で最も特徴的なのは，**原始反射**です。新生児にある刺激を与えると，意思の有無にかかわらず特定の運動反応を起こします。新生児は大脳皮質が未熟な状態にあるため，意思ではない**不随意運動**が起こります。

例えば，大きな音に対して腕を曲げてつかもうとする**驚愕反射**や，頭の支えを外すと腕を伸ばして抱きつくようなしぐさをする**モロー反射**，口元に触れた方向に頭を向ける**探索反射**，口唇部に物が触れると吸う**吸啜反射**，足の裏をかかとからつま先に向けてこすると足の親指が足の甲（足背）の方に反り返り，他の指が扇状に開く**バビンスキー反射**など，さまざまな反射が見られます。ただし，これらの原始反射は，生後3〜4ヵ月で消失していきます。

いっぽう，新生児期から乳児期の**身体発達**を生まれてからの体重と身長の変化でみると，生まれたときは3kg・50cmであったのが生後3ヵ月になると6kg・60cm，1歳になると9kg・75cmと急増します。

また，体の動きも3〜5ヵ月で首が座る，4〜6ヵ月で寝返りができるようになるなど，乳児期は急激にできることが増えていく時期となります（図）。

誕生時から1歳までの体の変化 (林, 2010)

グラフは男女とも平均値によるもの。身長や体重の変化は個人差も大きい。体の動きの変化は，現れやすい時期を示している。

（厚生労働省「平成12年 乳幼児身体発育報告書」，細谷亮太監修『新版 はじめての育児百科』〈主婦の友社〉より）

3. 発達曲線

アメリカの生理学者**スキャモン**（Scammon, R.E.）は，体の各部分によって発達の速度が異なることを示しました。成人期（20歳時）の状態を100とし，測定値を縦軸に，年齢を横軸にとった発達曲線グラフをスキャモンの**発達曲線（身体成長曲線）**と呼びます（**図**）。

スキャモンの発達曲線によると，神経型（脳髄，脊髄，感覚器官などの神経組織）は乳児期や幼児期に急激に発達し，12歳ころには成人と同様に機能します。

また，生殖型（睾丸，卵巣，子宮など，すべての生殖器官）は思春期以降に急激な発達を遂げます。

そして，リンパ型（扁桃腺，リンパ線，胸腺などの神経組織）は，児童期，思春期に急激な発達を遂げ，青年期から成人期にかけて緩やかに落ち着いていきます。

さらに，一般型（骨格，筋肉，内臓諸器官などの，全体的な身体組織）は，乳幼児期と思春期の2回にわたり，急激に発達することが示されています。

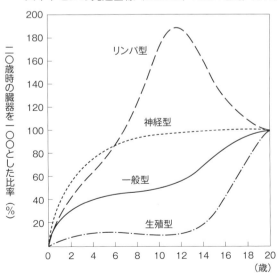

スキャモンの発達曲線 (Scamon, 1930：石崎, 2017)

4. 認知発達

　乳児は目や耳，口唇や手などから情報を得ることにより，外界を認識します。**ピアジェ（Piaget,J.）**は，人が外界を理解する際に使用する過去の経験や知識といった認知の枠組みを**シェマ**と呼びました。そして，新たな経験をする際に，自分のもっている既存の知識に合わせて考え，外界を理解することを**同化**と呼びました。

　さらに，新たな経験をする際に，既存の知識では理解ができないため，自分のシェマを変化させて，外界を理解することを**調節**と呼びました。そして，同化と調節という二つを繰り返して認知を発達させることを**均衡化**と呼びました。

　1歳半を過ぎると母親の真似をするなどの模倣や，物を何かに見立てて遊んだりする象徴遊びが見られます。これは心的表象（頭の中でイメージをすること）が可能になってきていることを示します。

　また2歳ころに言語を獲得し始めると，言葉は目に見える物体を表すものというだけではなく，目に見えない抽象的な事物をも表すものとして機能し始めます。幼児期は言語を獲得することにより，徐々に思考を体制化させていくのです。

　ただし，幼児期の思考は大人とは少し異なります。例えば，**アニミズム**（無生物や自然現象にも生命があると考える）や**相貌的知覚**（生命のないものにも人間と同様な感情や表情があると感じる），**実念論**（アニメのキャラクターなど実在しないものが実際に存在すると考える）などの非論理的推論を行い，それが実生活上の判断にも大きな影響を与えます。つまり，幼児期は，客観性が求められる場面においても，自己の主観的な判断を強く反映させるという認知的特徴があります。これを**自己中心性**といいます。

　日常生活では2歳ころになると，食事や着がえなど身の回りのことができるようになり，同時に「自分でやりたい」という欲求も高まります。しかし，すべて自分の思いどおりにいくわけでもなく，欲求不満や葛藤を言葉で表現できるわけでもありません。こうして，もどかしさからいら立ち，親に反抗的な態度を取ったりする**第一次反抗期**が出現します。これは自我の芽生えによるものとされています。

5. 自己中心性

　ピアジェ（Piaget,J.）は，**感覚運動期**とは感覚や運動動作によって物事を直感的に判断する段階で，発達とともに表象（心の中にあるイメージ）が成立し，認識が深まっていく時期としました。

　表象が発達しているか否かについては，**対象の永続性（物の永続性）**を子どもが理解しているか否かで確かめられます。対象の永続性とは，対象が目の前から消えても存在し続けることを指します。例えば乳児はおもちゃに布をかけて見えなくすると物がなくなったかのように手を引っ込めて探すのをやめますが，発達が進んだ子どもは大人がかけた布を取っておもちゃを手にします。対象の永続性が理解できていると，大人の行為も理解でき，布の下におもちゃが存在し続けることがわかるのです。

　またピアジェは，幼児は他者の視点に立って物を理解することがむずかしいことを示し，これを**自己中心性**と呼びました。これは，性格特徴として自分勝手にふるまうという意味ではなく，幼児の思考の様式が大人とは異なるものであることを示します。

　空間的な視点取得を調べる課題として，**三つ山問題**があります。

　高さや色や形の異なる3つの山の模型を提示し（**図**），人形をA〜Dのいずれかの位置に置き，子どもに「人形からはどのように見えるか」について尋ねます。4〜5歳の幼児は自分の視点と，人形の視点が区別できません。7歳ころになると具体的にどのように異なるかはわからなくても，自他の見え方とは異なるということがわかります。9歳以降は自分と他者の見え方の違いを明確に区別します。

　ピアジェは幼児が自己中心的な世界から抜け出すことを，**脱中心化**と呼びました。

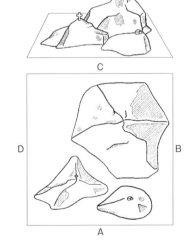

三つ山問題（Piaget & Inhelder, 1948）

6. 言語の発達

　新生児は，誕生してから数週間は，不快なときに泣くというような反射的行動を取り，喉から声を出すような**叫喚音**を上げます。生後1〜2ヵ月ころになると，機嫌のよいときには喉の奥で「くー」というような柔らかい音声を発するようになります。これを**クーイング**と呼びます。その後，「あー」「うー」など口や唇を使わない**喃語**と呼ばれる音声も発するようになります。さらに生後6ヵ月ころから，「ななな」「まままま」のように子音と母音からなる**反復喃語**を発するようになります。このようにして乳児は声を出すことを始めていくのです。

　生後1歳になると，意味をともなう言語を発声し始めます。これを**初語**といいます。初語が出たからといって，すぐに語彙が増えるというわけではありません。半年くらいは語彙の獲得はゆっくり進みます。1歳半を過ぎて獲得した言葉が50語くらいになると，それまでよりも多くの語彙が表出されるようになります。これを**語彙爆発（ボキャブラリースパート）**といいます。この背景には認知発達があり，物には名前があると理解することにより起こります。さらに，単語1語で表現する一語文も増え，例えば「パパ」という言葉だけで，「パパいないね」「パパのものだね」など，さまざまな行動や気持ちを表現するようになります。

　生後2歳ころになると，例えば「ママ，だっこ」など，語と語をつなげた二語文を発し始めます。これは電報を打つときの言い回しに似ているため，電文体発話ともいわれます。二語文が出てくると，三語文や多語文も使い始めるようになります。その後，「が」「を」「に」などの格助詞を使用するようになっていきます。

　言語の獲得には思考が媒介しています。**ピアジェ（Piaget,J.）**は，2〜3歳は，集団の中にいても他者とのコミュニケーションを意図しない独りごとがみられ，4〜6歳で最も多くなることを示し，幼児は**自己中心的発話**から徐々に他者への伝達意思をもつ**社会的発話**の段階へと移行すると考えました。これに対して**ヴィゴツキー（Vygotsky,I.S.）**は，幼児は思考のための言語活動である**内言**と，他者に向けられて発せられる言語的活動である**外言**を活用していると考えました。

7. 愛着の形成

ボウルビィ（Bowlby, J.）は，「人が特定の他者との間に築く情緒的結びつき」を**愛着**と呼び，4つの段階に整理しました。

第1段階（誕生から3ヵ月ころ）は，人を目で追う，声を聴く，顔を見るなど，人への興味を示しますが，このときの愛着の対象は養育者に限りません。しかし，第2段階（3～6ヵ月ころ）になると，特定の養育者を後追いするなど愛着を示すようになり，第3段階（6～8ヵ月ころ）からは特定の養育者でなければ嫌がったり不安になったりする**人見知り**が始まります。そして第4段階（2～3歳ころ）になると，特定の養育者がいつもそばにいなくても安心して行動できるようになります。

乳児期にこのような過程を経て安定した愛着を発達させることは，新しく出会う人々や経験により生じる不安を鎮め，情緒的安定を得ることのみではなく，積極的な探索行動の原動力や自己に対する自信へとつながるため，重要です。

この考えに影響を与えたのが，**ハーロー（Harlow, H, F.）**の代理母の実験です（図）。当初，乳児にとって養育者は自分の生理的欲求（飢えや渇きなど）を満たすために必要な存在で，副次的に愛着が形成されるものだという考えが主流でした。しかし，ハーローは，アカゲザルの実験により，愛着形成には飢えを満たすことが重要なのではなく，接触による快感や安心感が重要であることを示しました。

針金製と布製の代理母のそれぞれと過ごした時間 (Harlow,1961；井森,2010)

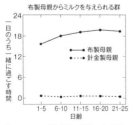 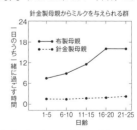

●**ハーローの代理母の実験**：赤毛ザルの乳児の半数には針金製の代理母からミルクを与え，半数には布製の代理母からミルクを与えたところ，針金製の母からのみミルクを与えられていた群の子ザルも，布製の群と同様に一日の大半を布製の母と過ごしていることが分かった。つまり，子ザルは飢えを解消してくれるか否かにかかわらず，布製の代理母を「母親」として選んだのである。

8．愛着のタイプ

　エインズワース（Ainsworth,M.D.S.） は，乳児（1歳児）が母親に対して形成している愛着の様相を把握するために，**ストレンジシチュエーション法**という実験法を開発しました。

　実験は8つの場面で構成されます。乳児を見知らぬ部屋で見知らぬ人がいる新奇な場面に置き，不安を高め，愛着が発動されやすい状況をつくり，母親との分離場面と再会場面の行動を観察し，愛着の個人差を測定します。なお，愛着のタイプは表の4つに分類されています。

　愛着の4種型（遠藤・田中，2005より要約：榎本，2011：長谷川，2014）

	ストレンジ・シチュエーションにおける子どもの行動特徴	教育者の日常のかかわり方
Aタイプ（回避型）	分離：泣いたり混乱を示すことがほとんどない。 再会：養育者から目をそらし，避けようとする。養育者が抱っこしようとしても子どもの方から抱きつくことはなく，抱っこするのをやめてもそれに対して抵抗を示さない。 探索：養育者とはかかわりなく行動することが多く，養育者を安全基地としての探索行動はあまり見られない。	全般：子どもの働きかけに拒否的。子どもとの対面時，微笑むことや身体接触することが少ない。子どもの苦痛にはかえってそれを嫌がり，子どもを遠ざける場合もあり。 子どもとの相互交渉：行動を強く制止する働きかけ。
Bタイプ（安定型）	分離：多少の泣きや混乱を示す。実験者の慰めを受け入れる。 再会：積極的に身体接触を求め，容易に静穏化する。 探索：養育者を安全基地として，積極的に探索行動できる。	全般：子どもの欲求や変化などに敏感。子どもに対して過剰な，あるいは無理な働きかけをすることが少ない。 子どもとの相互交渉：全般的に調和的でかつ円滑。遊びや身体接触を楽しむ。
Cタイプ（アンビヴァレント型）	分離：非常に強い不安や混乱を示す。 再会：養育者に身体接触を求めるが，その一方で怒りながら養育者を激しくたたいたりする（近接と怒りに満ちた抵抗という両価的な行動を示す）。 探索：用心深く養育者に執拗にくっついていることが多いため，養育者を安全基地として，安心して探索行動をすることがあまりできない。	全般：子どもが送出してくるアタッチメントシグナルに対する敏感さが低い。子どもの行動や感情状態を適切に調節することがやや不得手。 子どもとの相互交渉：肯定的なことも少なくないが，養育者の気分や都合に合わせたものも相対的に多い（一貫性を欠く反応，応答のタイミングの微妙なずれあり）。
Dタイプ（無秩序・無方向型）	全般：顔をそむけながら養育者に近づこうとするなど，近接と回避という本来ならば両立しない行動が同時に，あるいは継続的に見られる。不自然でぎこちない動き，タイミングのずれた場違い行動や表情を見せる。どこへ行きたいか，何をしたいかが読み取りにくい。とき折，養育者の存在に怯えているようなそぶりを見せることあり。	全般：子どもをひどく怯えさせるような行動が多い（突発的に表情や声，あるいは言動一般に変調を来し，パニックに陥るようなことがある）。虐待行為を含めた不適切な養育を施すこともあり。

9. 心の理論

　私たちは他者の表情や態度や行動を手がかりにして，その人の意図や思考や欲求や願望などを推測しています。このように，他者の心を推論するシステムのことを**心の理論**と言います

　心の理論を証明するために，さまざまな研究がなされていますが，有名なものに**バロン＝コーエン**（Baron-Cohen, S.）によって考案された**サリー・アン課題**があります（**図**）。これは誤信念課題ともいわれており，他者が誤った信念（考え）をもつことを理解できるかを評価する課題となっています。

　内容は，「サリーとアンがいます。サリーはビー玉をカゴの中に入れて部屋を出ていきました。サリーがいない間に，アンはカゴからビー玉を取り出して，箱の中に入れかえました。サリーが部屋に帰ってきました。サリーがビー玉を探すのはどこでしょう？」というものです。この課題の正答は「サリーはカゴを探す」となりますが，正解するためには，「サリーはアンがビー玉を入れかえたことを知らないので，ビー玉はカゴに入っていると思っている」ことを理解している必要があります。

　3歳児は自分が見聞きして知り得た事実（ビー玉は箱の中にある）をもとに，「サリーは箱を探す」と答えますが，4歳後半から5歳にかけて徐々に，自分がもっている信念（考え）とは異なる誤信念を他者がもち得ることを理解し，正答率が高まることが示されています。

　心の理論の研究は発達障害児にも行われています。自閉スペクトラム症児は，定型発達児やダウン症児よりも課題の成績がよくないという結果から，心の理論の獲得に困難をもつことが指摘されています。

サリー・アン課題 (Frith, 1989)

10. 遊びの発達

遊びは子どもの生活の中心となる重要な活動です。さまざまな遊びの研究に共通しているのは、①遊びが自発的なものであること、②遊ぶこと自体が目的であること、③楽しみや面白さを追求する行為であること、です。子どもがだれと、何で、どのように遊ぶかには発達が関係しています。

パーテン（Parten,M.B.）は、幼児の遊びの型を6つに分類し、遊びの発達的変化について分析しました。①何もしない：何もしないで歩き回ったり、部屋を見たりしている。②ひとり遊び：他の子どもと関係をもとうとせず、自分だけの遊びに熱中している。③傍観者的行動：他の子どもが遊んでいるのを見て、質問したり、遊びに口出しするが、遊びには加わらない。④平行（並行）遊び：他の子どものそばで、同じような遊びをしているが、相互に干渉したりしない。⑤連合遊び：他の子どもと一緒に一つの遊びをしたり、おもちゃの貸し借りが見られたりするが、分業は見られず組織化されていない。⑥協同遊び：何かをつくるなど、ある一定の目的のために一緒に遊んだり、役割分担などの組織化がなされてリーダー的役割の子どもも出てくる。これら①～⑥の遊びは、2歳ころまでは②ひとり遊びや④並行遊びが多く出現しますが、3歳を過ぎると、⑤連合遊びや⑥協同遊びが増加します（**図**）。

他者とのかかわり方の発達的変化 (Parten,1932：野崎, 2018)

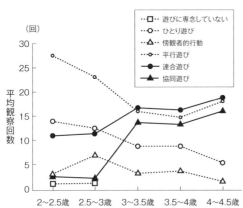

平均観察回数は、各年数段階で6人の子どもを60分観察したとき、各カテゴリーの遊びが観察された回数の平均

幼児期には、遊びを通して認知を発達させたり、身体能力や運動能力を発達させたり、他者との二者関係や集団とのかかわりを学び社会性を発達させるなど、さまざまな領域の発達に重要な役割を果たしているのです。

Tips 定型発達と非定型発達

定型発達とは，平均的で一般的な発達のことで，**図**において発達の中心部に位置する場合を指します。一方で**非定型発達**とは，定型発達とは異なり，中心からやや外れた周辺域に位置する場合をさします（滝川，2017）。

学校現場では，周辺部に位置する子ども（**非定型発達児**）と，中心部に位置する子ども（**定型発達児**）が共に学びます。よって，個人の発達に合わせた教育的な支援や配慮，また定型発達児と非定型発達児の割合や相互作用に合わせた学級集団づくりの方法を工夫するなどが重要になります。

ただし，中心部に位置する子どもと周辺部に位置する子どもを明確に分類することはできません。発達の障害という言葉は，医療，福祉，教育，行政といった各領域で広く知られてはいますが，とても曖昧であり，定義することがむずかしい概念なのです（室橋，2014）。

このことから，障害を明確に線引きするのではなく，**スペクトラム（連続体）**として幅広く捉える流れがあります。何が普通で何が異常なのか，という二項対立の発想をもつこと自体に障害が生まれてしまう原因があるともいえます。よって，障害を「取り除く」という意識ではなく，「発達のさなかにある」という肯定的な捉え方をして，一人一人の困り感に寄りそうことが重要であるといえるでしょう。

発達の分布と呼び名（滝川，2017）

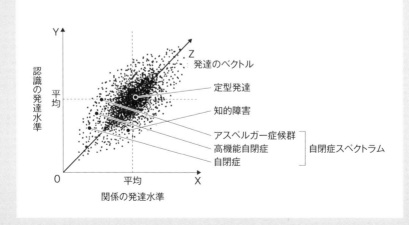

Tips 愛着障害

　愛着障害とは，過度に不適切な養育環境で育った子どもに見られる情緒や対人関係の障害で，乳幼児期に養育者との愛着形成がうまくいかなかったことが，その後の発達や対人関係，情緒，行動面に支障をきたすようになるというものです。

　愛着障害をもつ人の対人様式のタイプは，脱抑制と抑制の大きく2つに分けられます。

　まず，脱抑制タイプは，だれに対しても過度に馴れ馴れしく親しげにふるまうような無差別的な愛着をみせるタイプです。例えば，初対面の人にも以前から知り合いだったかのようにためらいなくべったりとくっつく一方で，別れ際には相手との別れを惜しまず，すぐ別の甘えられる対象を見つけようとします。一見社交的ですが，警戒心が欠如しており，かえって相手から警戒されたり，思わぬ危険に巻き込まれたりします。DSM-5では脱抑制型対人交流障害に分類されます。

　一方で，抑制タイプは，だれに対しても愛着行動を示さないタイプの愛着障害です。周囲からの働きかけに反応しない，警戒して他者に近づかない，自分自身を制御できず攻撃的になるといった特徴が見られます。このタイプの子どもは，自分が発した要求に養育者がタイミングよく応答してくれるという経験を受ける機会が少なかったことが，愛着障害をもつにいたった要因の一つと考えられます。そのため，他者を信頼できず，苦しいときでも他者に援助や接触を求めることがないのです。DSM-5では反応性愛着障害に分類されます。

　愛着障害と診断される水準ではなくても，愛着に問題を抱え，発達につまずいている子どもが学校には多くいます。愛着の問題を抱えたままでいると，パーソナリティや行動様式にも色濃く反映されるようになります。対人関係に問題を抱えるだけでなく，結果的に非社会的，反社会的な方向へ進んでしまうケースも見られます。愛着の修復や支援は，養育者以外の大人でも可能だといわれています。心あたりのある子がいたら，教員自身がその子にとって，「利用可能で，近づいても自分を受け入れてくれ，どんなときでも自分に関心を示し続けてくれる」存在となり，他者への信頼感を取り戻せるよう働きかけることが大切です。

Column　愛着障害を抱える子どもの実際と対応

　虐待を受けた子どもは，愛着障害が心配されます。愛着障害のある子どもは，学校では，対人関係をうまく築くことができず，発達障害と同じような行動を見せることがあります。具体的な行動としては，衝動性，多動性，貧困な自己イメージ，友人をつくらない，反抗的，挑戦的，感情の行動化，慢性的な怒り，攻撃的行動，虚言などです。行動特性だけでは発達障害なのか，愛着障害なのか判断がむずかしいところですが，生育歴における著しい虐待の事実の有無や，そうした行動が見られるときの関係性や場，時間帯などにムラがあるかどうかをていねいに観察し，それらがある場合に愛着障害が疑われます。

　愛着障害を抱える子どもに対して，教員という立場でできることは，養育者に代わって「愛着」を形成し直し，心理的な基盤をつくり，子どもの行動を安定させることです。対応の仕方の一例を以下に示します。

(1)**「注目してほしい」気持ちに対応する**

　愛着障害の子どもはよく「先生，見て！」と注目を要求します。この注目の要求を無視したのでは愛着は形成されません。得意な場面を用意したり，答えられる簡単な質問を用意しておいたりして，その子どもを活躍させる場面を意図的につくるのです。自分のことを認めてほしいので，正当な場面での注目が得られないときには，反抗や逸脱行動によって注目を得ようとすることもあります。いわゆる，悪目立ちの行動を取ります。多少悪い行動でも，悪い言葉遣いをしても，頭ごなしに叱らずに，向かい合って「どうしたかったの？」「悔しかったんだね」「次はこうしようね」と共感し，笑顔でかかわることが必要です。

(2)**「危険から身を守りたい」気持ちに対応する**

　愛着障害を抱える子どもの中には，自分の感情をほとんど表さず，警戒して他者に近づかない子どもがいます。他者を信頼できずに防衛的になっているのです。「安全だよ」と笑顔のサインを送っても，そう簡単にはいきません。なぜなら，いままで何度も期待を打ち砕かれてきたからです。一貫した愛情を受けてきた子どもの多くは，相手の対応を予測し，「ほんとうにそうなった」と安心を得ることができます。この繰り返しが心理的基盤をつくっていくのですが，他者への信頼が脆弱な子どもは，教員の愛

情が本物かどうかを試すかのように、わざと叱られるような行動をして反応をうかがいます。ここで教員が怒りをぶつけて攻撃すると、「ほら、予想どおり」とねじ曲がった安心を得るのです。周囲は翻弄されてしまいますが、これも愛着障害を抱えた子どもに見られる特徴の一つだと心得ておくことです。不適切な行動は消去（計画的無視）せよという考え方もありますが、この技法はむずかしいのでおすすめしません。不適切な行動には「そういうときは、こうするといいんだよ」と冷静に教え諭すことや、好ましい行動が見られたときは、「いま、○○していたね」と注目することを心がけるとよいでしょう。大勢の子どもたちが一緒に過ごす場でルール違反を黙認すると、周囲の子どもたちはルールを軽くみるようになってしまいます。そこで、声を荒げずに同じことが伝えられないかと考えるようにします。「先生は怒鳴らないよ、あなたにはこうなってほしいんだ」とていねいに繰り返し説諭して、絆を少しずつ太くしていくしかないのです。

(3) 「対人距離の調節ができない」ことに対応する

　教員にベタベタとくっついて来る子どもがいます。しかし、教員に過度にスキンシップを求めてくることを許すと他の子どもたちが刺激されて甘え出し、学級の収拾がつかなくなることがあります。スキンシップの代わりになり、見た目がベタベタしているようには見えない対応が必要となります。おすすめは握手です。がんばったとき、がんばってほしいとき、うれしいとき、辛いとき、何かつけて握手をしながら言葉を伝えます。年齢が低いときからの対応が大切になります。愛着が不十分なまま成長した場合、思春期が大きな課題になることがあります。甘えられる相手ならだれでもよいというような、無警戒で無差別な愛着の求め方が性的な問題を引き起こし、妊娠と中絶を繰り返したり、養育能力のない親として虐待の連鎖を生み出したりすることも多いのです。

　愛着が形成されていないことを責めても、解決には向かいません。ないのであれば、新たにつくるしかないのです。「今年のクラスは楽しい、先生も友人も信頼できる」というように、教員との安心できる関係を基盤にして、友人へと愛着の範囲を拡充していきます。認められ、受け容れられる体験が必要なのです。

【第Ⅱ部　発達の心理とは】
第4章
児童期の発達過程

　児童期（〜12歳）は心身ともに安定してくる時期です。そのため，多くの国々がこの時期を義務教育の期間に定めています。

　児童期の子どもたちは，同年代の同性の友人たちとのかかわり合いを通して，多くのことを体験学習していきます。児童期の発達過程に関する一般的な傾向を理解し，見通しをもつことでより適切な支援が可能になります。本章では，児童期の発達過程について考えてみましょう。

1. 発達の特徴

　児童期とは，小学生の時期にあたる6〜12歳ころを指します。この時期は，身体，認知，情緒，社会性など，さまざまな側面において著しい発達がみられます。

　小学校1〜2年生は，幼稚園や保育園での遊びを中心とした比較的自由な活動から，学級集団という学習を目的とした集団での活動へ移行を体験します。社会の縮図ともいわれるように，学校ではそれまで形成した親との絆を基盤として教員や仲間との関係を発展させ，集団で生活するための態度や行動について学びます。自分の欲求をコントロールし，生活習慣を形成し，また規範意識や道徳的な観念を内在化させて自己を形成していくことになります。

　小学校3〜4年生は，認知面では具体物があれば論理的な思考や抽象的な思考も可能になる時期です。学校での学習内容もむずかしくなってきて，戸惑いやつまずきを抱える子どもも出てきます。**9歳の壁**といわれる事象です（P.60参照）。また，自己概念の一部として理想自己と現実自己の差異を意識し始めます。つまり，容姿などの身体的な特徴，運動能力，成績，対人関係などさまざまな領域において，発達の個人差が気になり始め，優劣や得意不得意などを感じ始める時期でもあるのです。

　小学校5〜6年生は，論理的な思考や抽象的な思考がより高度になっていきます。中学年までは具体物を用いて操作して答えを導いていたのに対して，高学年では具体物は用いず，頭の中で操作して答えを推論し導くことが可能になります。このとき，学習がうまく展開できれば，もっと知りたい，わかりたいと知的好奇心や学習意欲が喚起されますが，うまく展開できない場合は親や教員の期待や指導に義務として従っているだけ，嫌々やらされているだけの状態となります。後者の場合，「自分は勉強ができない」など劣等感を強く抱くようになり，学習面の苦戦が主要因となる不適応にいたることもあります。またちょうど思春期に入り始める時期でもあるため，親や教員よりも友人が重要になり，友人との関係性の良好さが適応に，苦戦が不適応につながることもあります。学習面や対人関係面の発達の個人差を捉えながら対応する必要があるのです。

2. 認知発達

ピアジェ（Piaget, J.）の発達段階では，児童期は**前操作期**（2～7歳ころ）と**具体的操作期**（7～11, 12歳ころ）と**形式的操作期**（11, 12歳以降）の3つの段階にまたがります。前操作期の子どもと具体的操作期の子どもの認知発達の大きな違いは，保存概念を獲得できたか否かにあります。

保存概念の獲得とは，見かけ上の形や配列が変化しても，モノの数量は変化しないということを理解することです。例えば，量の保存では，最初に水の量が同じであることを確認し，子どもが見ている前で片方の水を細い（あるいは太い）容器に移します。その後，子どもに「どっちが多いかな？それとも同じかな？」と質問します。前操作期にある子どもは「水面の高い方が多い」と答え，具体的操作期にある子どもは「どちらも同じ」と答えます（**図**）。具体的操作期になると，量，数，長さの保存課題において，元に戻せば同じになるという可逆性，あるところが増えたときには別のところが減っているという相補性，見かけが変わっても同じものであるという同一性が理解できるのです。

具体的操作期から形式的操作期に入ると，子どもは具体的な事柄はもちろん，記号や数字のような抽象的な事柄や事実に反する事柄についても正しく思考できるようになります。例えば，「ネズミはネコより大きく，ネコはゾウより大きい。このとき，ネズミとゾウはどちらが大きいかな？」という問題について，実際の動物の大きさや力関係に惑わされずに，A＞B，B＞Cなどの大小関係を捉えることが可能になります。このように児童期には，認知が発達していく様相が見られるのです。

量の保存課題 (Piaget, 1970：旦, 2018)

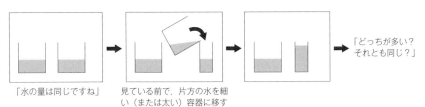

3. 社会性がはぐくまれる場としての要因

　社会性とは，「子どもが所属する集団に適応していくために獲得する，集団に共有されている標準的な行動様式，集団規範，習慣，人間関係を円滑に処理する能力」であるといわれます。子どもの社会性の発達は，養育者（多くは母親）とのかかわりから始まり，家族成員，家族以外の人とのかかわりへと徐々に範囲を広げ，その文化や環境に適合する行動や思考の様式を身につけていくことで進んでいきます。

　社会性の発達と所属集団について詳しく見ていくと，子どもは家族集団－遊戯集団（仲間集団）－隣人集団（近隣集団）－学校集団－職業集団－基礎的集団（国家）といった集団に時間的順序性に従って所属していき，各々の集団の中で集団的価値や規範を内面化させ，それを繰り返すことで成長していきます。

　つまり，幼児期には家族集団が準拠集団となり，児童期青年期には遊戯集団や学校集団が準拠集団となり，成人すると職業集団が準拠集団となるといったように，準拠集団の移行により，**社会化**されていくのです。

　社会化の過程は次のようになります。

　幼児期に通過する集団である家族集団では，親や兄弟，自分を受容，援助，庇護してくれますが，児童期に通過する集団である遊戯集団では，メンバーとは対等な他者の関係性となります。

　児童期から，他者と人間関係を取り結ぶ現実の社会生活の縮図に近づいていきます。幼児期の家族集団は各々の家族の中で社会化された価値や思考・行動様式をもちますが，児童期の遊戯集団で求められるそれとは必ずしも一致しません。よって，異なる価値や思考・行動をもつ他者と折り合っていく経験を初めてすることになるのです。

　ここで子どもは，他者と上手に関係を取り結ぶためには，自己中心性を減少させること，互いに他者の存在を認め，他者の権利を認めることが必要だということを学んでいきます。

　このことからも，他者とのかかわりを経験し始め，かつ遊戯集団を形成する体験を積み重ね始める児童期に，さまざまな他者とかかわる体験をもつことは大変重要なのです。

4. 児童期の身体発達と運動発達

　乳幼児期から児童期にかけて身体は著しく変化します。頭身比（頭の比率）をみると，乳児期は約4頭身で身体に対して頭の占める割合が高く，2歳で5頭身，6歳で6頭身，12歳ころには7頭身に変化し，徐々に成人の頭身比である8頭身に移行します。身体のバランスが変化していくのです。

　また，児童期の**身体発達**を身長と体重でみると，身長は小学校1年生で115cm程度であったものが，小学校6年生では145cm程度と6年間で30cm程度伸びています。体重も小学校1年生で21kg程度であったものが，小学校6年生では39kg程度と18kgも増加しています（**図**）。

　さらに児童期には，**運動発達**にも大きな変化が見られます。基本的な運動協応が可能になるので，走る，跳ぶ，ボールを投げるなどの技能が巧みになります。さらに，運動機能は，認知面での発達と関連があります。どのようにすれば早く走れるか，遠くに投げられるかなど，獲得した運動機能を向上させるための方略を使用してみようと試みる意欲も高まっていくのです。

　そして，ルールも理解できるようになるため，スポーツをゲームとして楽しむことも可能になります。サッカー，野球，バスケットボール，ドッチボール，水泳，スケートなど，全身を使うスポーツに興味を示し，熱心に取り組む子どもも出てきます。児童期は，生涯にわたる運動技能を発達させる時期といえるでしょう。

児童期の身体発達（文部科学省，2018a）

			身長（cm）の平均値		体重（kg）の平均値	
			男子	女子	男子	女子
小学校	1年生	6歳	116.5	115.7	21.4	21.0
	2年生	7歳	122.5	121.5	24.1	23.5
	3年生	8歳	128.2	127.3	27.2	26.4
	4年生	9歳	133.5	133.4	30.5	29.9
	5年生	10歳	139.0	140.1	34.2	34.0
	6年生	11歳	145.0	146.7	38.2	39.0

Tips　分離不安症・選択性緘黙・トゥレット症候群

　学級には，多様な困難をもつ子どもたちが在籍し，専門的な支援を必要としています。

(1) 分離不安症

　代表的な子どもの不安症の一つで，愛着をもっている人と離れることに過度な不安をもつことが特徴です。愛着の対象の多くは家族や親といわれ，愛着の対象と離れるたびに過剰な苦痛を味わいます。愛着対象や自分が突然亡くなったり，迷子になったりするのではと不安を抱き，一人で出かけたり，家に一人で留守番をすることがむずかしくなります。二次障害として，引きこもり，不登校や学業不振となります。強引に連れ出すのではなく，効果のある心理的なアプローチ（認知行動療法など）をていねいに実施することが求められます。

(2) 選択性緘黙（場面緘黙）

　他の状況では話しているのに，話すことが期待されている特定の社会的状況において，話すことが一貫してできない様態を指します。例えば，家では家族と話すにもかかわらず，教室では教員に対しても友人に対してもまったく話さない子どもがいます。生まれつきの対人緊張や不安があり，集団に入ることで緊張や不安が増し，身を固くして防衛しているといった要因があります。また，知的障害や自閉症スペクトラム障害（Autism Spectrum Disorder,略称ASD）を重複している人もいます。いずれにしても安心できる環境づくりや，話したいというモチベーションが重要です。

(3) トゥレット症候群／トゥレット障害

　多彩な運動チックと音声チックを比較的長期間（1年以上）有するチック障害の一つです。チック障害は脳神経系の異常が原因とされ，本人が意図せず突発的に起こります。運動や発声が繰り返し起こる状態で，それぞれ運動チック（肩を動かす，飛び跳ねるなど）と音声チック（咳払い，奇声，社会的に認められない言葉を発するなど）に分類されます。

　チック症状は意図せずに起こるため，教員から理解を得られなかったり，クラスメイトから奇妙な目で見られたりと誤解が生じることがあります。教員は特性を理解した上で，本人や周囲に働きかけていくことが求められています。

Tips 行為障害

(1) 医学上の概念で捉えた非行行為

非行行為を医学的に捉えたものとして、行為障害（ICD-10; DSM-5では素行障害）という概念があります。年齢相応の社会的規範やルールを守らず、反復し持続する反社会的、攻撃的、あるいは反抗的な行動等を特徴とします。

生物学的要因と環境の両方に原因があるとされています。生物学的要因では攻撃性と関連しているデハイドロエピアンドロステロン（DHEA）の数値が高いこと等が報告されています。環境要因としては、家族（親の子どもに対する拒絶や無視・厳しすぎるしつけ・身体的虐待・夫婦が不仲・経済状況の悪化など）や仲間から拒絶されているなどで、孤独感を感じてしまい、反抗心が形成され、最終的に反社会的な行動を起こすことが指摘されています。

(2) 他の障害との併存

行為障害（素行障害）は、注意欠如・多動症（ADHD）と反抗挑発症/反抗挑発性障害（ODD）との併存が多いことが指摘されています。

注意欠如・多動症は、不注意、多動性、衝動性を中核症状とする神経発達障害に分類される代表的な脳機能障害です。反抗挑発症/反抗挑発性障害（ODD）は、親や教員など目上の人に対して拒絶的・反抗的な態度を取ったり、口論をしかけるなどの挑戦的な行動を起こしてしまう疾患です。その症状として、怒りっぽく／易怒的な気分、口論好き／挑発的行動、執念深さ、があります。

(3) 注意欠如・多動症（ADHD）の二次障害としての行為障害（素行障害）

注意欠如・多動症（ADHD）がある人がその診断を受けずにいると、日常の行動や態度が不注意、多動性、衝動性から出現した症状と理解されず、家族や教員から頻回に叱責を受け、友人からいじめられるリスクが高まります。その結果、二次障害（障害に起因する困難さとは別の二次的な情緒や行動の問題が出てしまうこと）として、行為障害を発症する場合が多いことが指摘されています。

＊ICD-10：ＷＨＯにより制定された「国際疾病分類第10改訂版」
＊DSM-5：アメリカ精神医学会「精神疾患の診断・統計マニュアル」

Tips　9歳の壁

9歳は思考の移行期

9歳の壁とは，学力不振やカリキュラムの速度についていくことのできない子どもがこのころに目立ち始めることから，子どもの発達・教育上の問題として用いられるようになった言葉です。

この時期の子どもは，具体的思考から抽象的思考への移行期にあたり，それに合わせて学習内容も変化していくので，つまずきを感じる子どもたちが増えていくのです。

実際に，算数科においては，3年生の3学期には小数についての理解が求められ，4年生の2学期からは小数のかけ算や割り算の計算をすることが求められます。小数は整数と異なり，一つの数として具体的に数えられるものではなく，抽象的思考が必要となるために，理解することに困難さを抱える子どもたちが増えてきます。例えば$4 \times 3 = 12$であることから，0.4×3を0.12と答えてしまうことがあります。そこで，0.4は0.1の何個分かという考え方を用いたり，テープ図（数直線図）を活用したりしながら，ていねいにつまずきを解消していくことが必要です。

また理科においても，3年生では，植物の成長や虫の体のつくりの観察，太陽や風の働きなど，目に見えたり触れて感じたりすることのできるものを扱った内容から，電気や磁石などの目に見えないものを扱う内容を学ぶようになります。電気や磁石の学習は，電気を通すものは何か，磁石がつくものは何かなど，具体物との関係を調べながら，目に見えない電気や磁石の力を理解していきます。そこで実験の結果を表にまとめて整理したり，実験の結果から共通点を見つけたりすることで，理解を促していくのです。

「壁」は成長の機会

以上，9歳の壁によって，つまずきを感じ，苦手意識をもち，意欲が低下してしまう子どもたちの様相を示しました。

この時期は学校での学習内容がむずかしくなりますが，それゆえに理解できたときの喜びは大きいものです。そのため教員には，子ども一人一人の認知発達に応じたていねいで適切な指導を行うことが求められます。

9歳の壁に不安を抱くのではなく，成長の機会として捉えることで，前向きに学習に向かっていけるよう，支援したいものです。

Column　ギャングエイジの実際

ギャングエイジとは

　ギャングエイジとは，仲間同士の結びつきが非常に強く，自分たち以外には閉鎖的な仲間集団を結成する時期のことです。9歳前後に多くみられるようになり，同年齢の仲間で自発的に集団をつくって遊びます。子どもたちは，そうした仲間集団の中でさまざまなことを学んでいきます。例えば，仲間集団の中から中心となる子どもが登場したり，集団内での役割を認識したりする中で，自分の役割を果たすことが必要となります。そこでの自分の役割を果たしていくことで，自信をつけていくことにもつながります。また，自分たちだけで集団内でのルールや目標などを決め，それをやり遂げていくことで，ルールや計画の実行力を養っていくこともできます。子どもたちは，このようなかかわりを通して，社会性を身につけていくのです。

　現代の子どもたちはギャング集団での体験が少なくなっているという指摘があります。その理由として，習い事や塾へ通う子どもが増え，時間的な制約で機会が少なくなっていること，ボール遊び禁止の公園などが増え，外で遊べる場所が少なくなっていることなどが考えられます。また最近では，遊び始める時間だけを約束し下校した後オンラインゲームで遊ぶなど，遊び方が変化していることも考えられます。学校外での集団形成がむずかしくなっているために，子どもたちには学級集団の中で，他人とのかかわりを通して自分を客観的にみる機会を意図的に与えていくことが必要とされているのです。

対応の3つの留意点

　ギャングエイジである中学年の子どもたちへの対応の留意点として，以下の3点が考えられています。

　1つ目は「集団で活動することのよさを味わわせる」ことです。教室の子どもたちには「一人ではできないけれど，みんなとならできた！」「みんなで取り組んで目標を達成してよかった！」というような実感をもたせるような活動を行っていくことが大切だとされています。例えば音楽発表会を通して，それぞれが努力してきたことについて全体で共有したり，下学年の子どもや，他学年の教員，保護者からの賞賛の言葉を学級集団に伝えたりする場を意識的にもつことで，みんなで取り組むよさを実感させて

いきます。

　２つ目は「子どもの夢や要求を生かす」ことです。個人の興味関心にもとづいた自己中心的な要求になりやすい時期ですが，子どもの要求を100％否定せず，子どもたちのやる気を認め，活動の目的を確認させた上で，子どもたちの可能な範囲で活動させることが大切だとされています。私の経験の中でも「もう一度運動会をしたい！」という子どもの発想から，学級を超えて学年の子どもたちが話し合い，「ミニ運動会」が実施されたことがありました。その体験を通して，企画することの面白さ，協力してやり遂げることの達成感をもつことができるのです。そして，次はどんなことをやってみようかという前向きな思いにつながっていくのです。

　３つ目は「言葉を使わせる」ということです。この時期の子どもは思考形態が変わり，抽象的な思考ができるようになるため，心の中に浮かぶ思いを言葉にしながら考えることが大切だとされています。そこで普段の授業や日常生活を通して，「何でそう思うの？」「どうしてその答えになったの？」などあいまいな思考を明確にしていく過程を通して，子どもの成長を促していきます。「やりたかったから」「腹が立ったから」という短絡的な行動に子どもが陥らないように，個人的な理由や動機を言葉にして訴えさせたり，みんなの活動の目的を話し合わせたりしながら子どもとかかわっていくことが必要とされています。

学級のルールとリレーションの確立

　ギャングエイジ特有の活動的な行動力は，ときにトラブルの原因になり，その対応がうまくいかずに騒々しくなることがあります。そこで，学級でのルールとリレーションを確立するために，①ルールは活動の直前に手短に確認する，②小さなルール違反も認めない，③リレーション形成に身体活動を活用する，④仲直りの方法を教えておく，⑤男女の要求を聞く，などのポイントを押さえて対応することが効果的であるとされています。特に教育現場でよく起こる問題として，男子グループを中心としたギャング集団の行動の悪さが目立ち，ルール違反などが表出する場面があります。

　その際に，指導や叱責がその男子グループに集中してしまい，不満を強くすることで反発するようになるなど，さらに状況が悪化する場合があります。ルールやリレーションを確立させていくためには，普段からの子どもたちとの信頼関係の形成も重要になってきます。

【第Ⅱ部　発達の心理とは】
第5章
思春期・青年期の発達過程

　思春期は（〜14歳），児童期から青年期への移行期間で，心身ともに大きく変化する時期です。また青年期（〜22歳）も，身体的，心理的に急激な変化にさらされ，不安定な時期です。身体的には大人であるのに，心理的，社会的にはまだ大人としては扱われないので，アンバランスになりがちなのです。レヴィン（Lewin,K.）は青年期のこのような状態の人を「周辺人」と呼びました。子ども社会からは追い出され，大人社会にも入れない，どっちつかずの不安定さを表現しているのです。このような中で，「自分とは何か」の問いに立ち向かい，自我を確立していかなければならないのです。本章では，思春期・青年期の発達過程について考えてみましょう。

1. 思春期の発達の特徴

　児童期中盤以降から中学生ころにかけて生殖器官の成長速度が高まり，男子では声変わりや精通，女子では乳房の発育や初潮など，急激な身体変化が現れ，大人の体に近づいていきます。この時期を思春期といい，またこの時期に生じる性差を，第二次性徴といいます。

　思春期の身体発達には男女差があり，女子は9～10歳ころから，男子は11～12歳ころから始まります。幼児期や児童期前期の子どもであれば，身体変化を「おにいさん，おねえさんになった」など肯定的に捉え，率直に喜びます。しかし，思春期には，「男性らしさ」「女性らしさ」を帯びて急速に変化する体に対する戸惑いや，中には嫌悪感をもつ者も出てきます。身体変化を受け入れることは，この時期の発達課題の一つとなります。

　認知面においては，**ピアジェ（Piaget,J.）**が指摘する形式的操作期に移行します。この時期に抽象的な思考が発達し，仮説演繹的思考（仮説にもとづいて結論を導くこと）や命題的思考（仮定された命題を関連づけて結論を導くこと）が可能になります。

　ただし，身体発達や認知発達には個人差があるため，友人との発達の速度の差異を比較により感じて優越感や劣等感をもったり，理想と現実とのギャップにより悩んだりと，葛藤やいらだちが生じることもあります。そして，このようないらだちが大人や社会へ反発する行動となって現れることがあります。そのためこの時期は，第二次反抗期とも呼ばれます。

　また思春期は，対人関係の変化も大きな影響及ぼします。乳幼児童期においては，親が最も重要な他者ですが，思春期ころからは親よりも同性の友人が重要な他者として位置づけられます。そして児童期のように親や教員の決めたルールや基準，価値観が絶対であるという意識は薄れ，同性の友人との間に共通の意識をもち，自分たちの価値観に従って行動したいという欲求が高まります。さらに児童期までの全面的な親への依存から離れ，独立しようと試みる態度行動は，親とは異なる自分であるという認識を発達させていくのです。

　思春期に「心理的離乳」「第二の個体化」が起こり，青年期のアイデンティティ形成へ向かう萌芽となるのです。

2. 青年期の発達の特徴

　青年期は、親から経済的に自立するまでの期間を指します。10～14歳を前青年期（児童期後期から思春期）とすると、14～17歳を青年期前期、17～22歳を青年期後期と称します。しかし、これらは一つの区分であり、定まったものではありません。大学や大学院への進学率の上昇などにより、経済的な自立を遂げるまでの期間は昔と比べて長くなっており、青年期の長期化が指摘されています。青年から成人への移行の境目が明確でなくなってきているのです。

　レヴィン（Lewin,K.） は、この時期の青年を**周辺人**（marginal man、2つの異なる様相をもつ集団に属する人々）と名づけました。青年期に移ると、子どもじみたことはもうしなくなりますが、大人として責任ある行動をとることには未熟で、「大人でも子どもでもない」状態にあるのです。

　成人としての自立には、経済的な自立の他に、精神的な自立が必要です。ただし、これは親にまったく頼らないという意味ではありません。親を一人の人間として見ることができ、自らの人生を自らの責任において展開しようとする意志や自信をもち始めることです。この状態になるまでには長い時間がかかります。またその間の青年の心の中は、不安や葛藤が渦巻いています。

　青年期の悩みをみると、①進路選択や職業選択、②友人関係、③親子関係、④異性との関係、⑤体調や健康の問題、⑥経済面（学費や生活費の不足など）、⑦学業面（勉強や授業についていけないなど）、⑧自分のこれからの人生や、生き方の方向性など、多岐にわたります。

　エリクソン（Erikson,E.H.） は、経済用語であったモラトリアムという言葉の意味を読み変え、「個人が社会の中に自らの置きどころを見出すために自由に役割実験を行うことを社会や文化が許容している時期」のことを**心理社会的モラトリアム**と呼びました。青年期は、さまざまな悩みや不安、葛藤や動揺を抱えながらも、自由にさまざまな試行錯誤をすることもできるようになっています。そこで、モラトリアムの時期を有効に活用し、重要な他者に支えられながら、自己形成を試み、心理的にも大人になっていくのです。

3. アイデンティティ（自我同一性）

アイデンティティ（自我同一性）とは，「自分が自分である」「自分が自分の人生の主人公」というような，自己存在にかかわる感覚のことで，「自分とは何か」という問いに対する答えともいえます。

エリクソン（Erikson,E.H.）によると，アイデンティティは，「自分は他のだれかではない自分であるという感覚（**斉一性**）」と，「自分は過去から現在まで，また将来も連続する存在であること（**連続性**）」の2側面が感じられること，さらに「この2側面を他者が認めてくれること」を自覚することが重要です。具体的には，斉一性と連続性の感覚を有した自分が，職業選択を通して社会に位置づき，「〜としての自分」という感覚が生起し，それが他者にも認められることで，安心感や安定感や自信をもてるようになり，「私は私である」という実感をもてるのです。

青年期の発達課題は「アイデンティティ　対　**アイデンティティ拡散**」で，アイデンティティの獲得がうまくなされない場合，アイデンティティ拡散の状況にいたります（**表**）。この状態になると，人生の目標，進学や職業選択，友人関係や異性関係，道徳的な価値観など，さまざまな領域にかかわる事柄で迷い，苦悩することにつながります。また，無気力状態やうつ状態，食行動異常などにいたることもあります。

アイデンティティ拡散の概要 (宮下, 2004)

時間的展望の拡散	「時間」に対して信頼がもてず，希望を失っている状態
アイデンティティ意識（自意識過剰）	自分に対して自信がもてず，他者の目を非常に気にする心理状態
否定的アイデンティティ	社会的に忌み嫌われている価値に積極的にコミットし，その中に自己を見出そうとする心理状態
労働麻痺	勉強や仕事，生活に対する意欲が失われ，無力感に捉われている状態
両性的拡散	自分が「男であること」「女であること」に対する自信や確信に欠け，親密な対人関係がもてなくなっている状態
権威の拡散	対人関係において，適切な主従の役割が取れなくなっている状態
理想の拡散	自分の人生の拠り所となる理想や信念，人生観などが失われている状態

4．アイデンティティステイタス（自我同一性地位）

　就業が猶予され，社会的責任の遂行を免除されるモラトリアムの期間に青年はさまざまな役割や価値観を探索し，自分の生き方やあり方を模索します。この過程をアイデンティティ探求といいます。

　個々の青年によって異なるこの探求の様相を質的に表したのが，**アイデンティティステイタス（自我同一性地位）**です。

　マーシャ（Marcia, J.E.）は，エリクソンのアイデンティティの理論を発展させました。そして人生にとって重要な領域（職業や価値観など）において**危機**と**積極的関与**を経験しているか否かの2つの基準を用いて，**アイデンティティ達成（同一性達成地位）**，**モラトリアム（モラトリアム地位）**，**早期完了（権威受容地位）**，**アイデンティティ拡散（同一性拡散地位）**の4つの地位に分類しました（**表**）。

　なお，4つのアイデンティティステイタスは移行するといわれています。例えば青年のアイデンティティ探求の過程では，モラトリアム地位や早期完了地位からアイデンティティ達成地位へ移行することがあります。

アイデンティティステイタス（無藤，1979）

	危機	積極的関与	概　略
アイデンティティ達成	経験した	している	幼児期からのあり方について確信がなくなり，いくつかの可能性について本気で考えた末，自分自身の解決に達して，それにもとづいて行動している。
モラトリアム	その最中	しようとしている	いくつかの選択肢について迷っているところで，その不確かさを克服しようと一生懸命努力している。
早期完了	経験していない	している	自分の目標と親の目標の間に不協和がない。どんな体験も，幼児期以来の信念を補強するだけになっている。硬さ（融通のきかなさ）が特徴的。
アイデンティティ拡散	経験していない	していない	危機前：いままでほんとうに何者かであった経験がないので，何者かである自分を想像することが不可能。
	経験した	していない	危機後：すべてのことが可能だし，可能なままにしておかなければならない。

「自我同一性地位」を「アイデンティティステイタス」，「同一性達成」を「アイデンティティ達成」，「同一性拡散」を「アイデンティティ拡散」，「傾倒」を「積極的関与」に修正した。

5. 青年期の友人関係

　青年期の友人関係は，児童期のように近接性や単純接触によって友人になり，遊びを通して形成されるという単純なものではありません。また，思春期のように類似性や同質性を過度に相手に求めるものでもなくなってきています。友人関係がアイデンティティ形成と相まって，悩みや葛藤などの内面を共有し，自他の違いを認め合う自立した関係に移行していくのです。

　青年期の友人関係が社会化に果たす役割として，**安定化機能**，**社会的スキルの学習機能**，**モデル機能**があるといわれています。また，①自分の不安や悩みを打ち明けることによって情緒的な安定感・安心感を得る，②自己を客観的に見つめ，友人関係を通して自分の長所・短所に気づき内省する，③肯定的側面のみでなく傷つけ傷つけられる経験を通して人間関係を学ぶ，ともいわれます。青年が成人になる過程で友人の存在が大きな影響を与えるのです。

つき合いの2軸・「深さ」と「広さ」

　青年期の友人関係については，次のような6種類のつき合い方があるといわれています。

　①本音を出さない，自己防衛的なつき合い方
　②友人と同じでいようとする，同調的なつき合い方
　③できるだけ多くの人と親密になりたいという，全方向的なつき合い方
　④自分が理解され，好かれたり愛されたいと願うつき合い方
　⑤自分に自信をもって友人とかかわるつき合い方
　⑥自分を出して積極的に相互理解をしようとするつき合い方

　これらのつき合いは，友人と積極的にかかわろうとするか，防衛的にかかわろうとするか，という「つき合いの深さ」に関する軸と，限られた範囲でつき合おうとするか，広い範囲でつき合おうとするか，という「つき合いの広さ」の軸の2次元によって，捉えることが可能です（**右図上**）。

　右ページの**グラフ**を見ると，中学生では「浅く狭く」「浅く広く」つき合う友人関係，高校生では「深く広く」つき合う友人関係，大学生では「深く狭く」つき合う友人関係を志向することがわかります。

青年期の友人関係を構成する次元 (落合・佐藤, 1996：久木山, 2017)

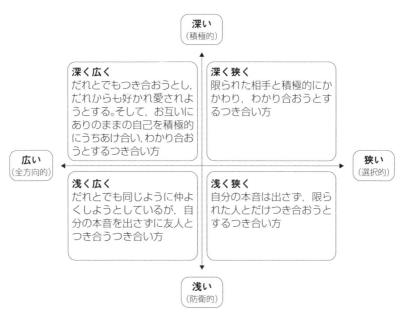

青年期の友人関係の形態の男女での違い (落合・佐藤, 1996：久木山, 2017)

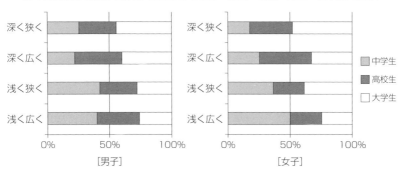

6. 青年期までのキャリア発達

　キャリアとは，年齢とともに変化する「人生で果たす役割全般」のことをいいます。人は一生涯にわたり，キャリアを成長・発達させていくのです。青年期までのキャリア発達は，自分の進路や職業を選び，適応していくために必要な知識，認識，能力，態度，行動様式などを年齢に応じて身につけていく過程のことを指します。

　スーパー（Super,D.E.）は，職業的発達の段階を提起しました（**右表**）。
　スーパーの職業的発達の視点で捉えると，幼児期は**空想期**で，自分の欲しいものやしたいことに関する仕事（パイロットやケーキ屋さんなど）を選ぶ傾向があります。

　児童期は，職業に関する興味や能力の開発が行われる**興味・能力期**で，自分の身近な人に同一化したり（親が教員なので教員），自分の興味や特技に関連づけたり（ピアノの先生，サッカー選手）します。

　青年期前期は**暫定期**で，職業選択に関して現実味を帯び始め，欲求，興味，能力，雇用機会などが考慮されます。職業に関してより深い理解もできるようになり，花形の職業ばかりでなく裏方の存在にも気づき，自分の生き方や価値観と照らし合わせて検討するようになります。

　いっぽう，青年期後期は**移行期**で，自分の立場，価値観，適性，興味，専攻分野，目標達成の可能性など，多様な観点を考慮してなされます。

　ただし，すべての青年がスムーズに学校から職業生活へ移行できるわけではありません。なかなか職業選択ができず，「長期間模索し続ける」「真剣に考えることを避け安直に決める」「どのような職業選択をすればよいか，考えがまとまらずわからなくなる」などさまざまです。また，実際に職業選択をしてもなお，「子どものころの夢をあきらめられない」「適性が合わずもう一度就職活動をやり直す」「より活躍できる場を求めて転職する」などがあります。職業生活を通して，自分はどのように生きたいのかを模索し，さまざまな試みを行い，自分の納得する方向を選択していくのです。

　以上のように，青年期後期は職業選択を通して，アイデンティティ形成やキャリア発達がなされていくのです。

わが国の学生にみる職業的発達段階（白井，1992）

段　階	スーパーの定義	特　　　徴
成長段階（0～13歳） 自己概念は，学校と家庭における主要人物との同一視を通して発達する。欲求と空想はこの段階の初期において支配的である。興味と能力は社会参加と現実吟味の増大に伴い，この段階でいっそう重要になる。		
空想期 4～9歳 （～小3）	欲求中心・空想の中での役割遂行が重要な意義をもつ。	1. テレビの主人公（刑事やゴレンジャーなど），ごっこ遊びの登場人物や身近な人（幼稚園の先生，お母さんなど），自分の欲しいものやしたいことに関係する仕事（ケーキ屋さん，オモチャ屋さん，パイロット，電車の運転手など）が多く選ばれる。 2. 男子では，強いもの，かっこいいもの，女子ではかわいいもの，女の子らしいもの（お嫁さん），実現不可能なもの（男の子，猫など）が選ばれる傾向がある。 3. 将来なりたいものは数多く上げられ，また容易に変化する。
興味・能力期 10～13歳 （小4～中1）	好みが志望と活動の主たる決定因子となる。能力いっそう重点がおかれる。職務条件が考慮される。	1. 自分の周囲にいる人への同一視がある。例えば，父親を尊敬しているので父親と同じ職業につきたい，担任がいい先生なので教員になりたいなど，あるいは，親から言われたことを取り入れている。 2. 自分の趣味や特技（ピアノの先生，画家，プロ野球の選手など），あこがれ（歌手やスチュワーデスなど），読んだ本やマンガの主人公（探偵，科学者，医者，弁護士など）にあこがれる。 3. 同時に複数のものにあこがれる。ただし，1つのものに決めている場合には，のちの職業選択に重要な影響を及ぼす場合が多い。 4. なろうと思えばそれになれるという万能感がある。
探索段階（14～22歳） 学校，余暇活動，アルバイトにおいて。自己吟味・役割試行・職業上の探索が行なわれる。		
暫定期 14～17歳 （中2～高2）	欲求・興味・能力・価値観・雇用機会のすべてが考慮される。暫定的な選択がなされ，それが空想や討論・教育課程・仕事などの中で試みられる。	1. 単なるあこがれではなく，職業を意識するようになる。例えば，教員という仕事の中味や意義を踏まえたうえで，自分なりの教員像をえがき，教員を志望する動機について自覚している。メジャーでない裏方の存在にも気がつく。外見上のかっこよさだけでなく，生き方や価値観への共鳴を重視する。 2. 自分の能力や雇用の機会などが考慮されるようになり，将来の職業選択について現実吟味がなされる。とくに高校受験への直面や親との会話はそれを促進する。 3. 逆に，高校受験あるいはクラブ活動で忙しく，将来の具体的な職業について考えたことのない者もいる。
移行期 18～22歳 ころ	青年が労働市場または専門的訓練に入り，そこで自己観念を充足しようと試みる過程で，現実への配慮が重視されるようになる。	1. 高校卒業あるいは大学受験を機に，より現実に直面し，自分の立場・価値観・適正・興味・専門分野・目標達成の可能性などの点から目標が吟味される。自分でないとだめだという職業を求める。 2. 職業の意義（経済性，社会的地位の付与，社会生活への貢献）が重視される。 3. 職業につくための具体的で計画的な努力がなされる。 4. いままで目標が曖昧だった者は，それがほんとうに自分に適しているのかどうか悩むことがある。 5. 現実への直面の仕方によって挫折感をもつことがある。現実を踏まえた上で自分なりの夢を描くことが課題となる。 6. 実際に就職するまでは，自分が選択した職業の内容について依然として具体性に欠ける。

Tips　思春期の発達と不適応症状

　思春期から青年期にかけての時期は，非行の発生率が高まることが知られています。これは，発達的な危機として自我同一性のゆらぎが生まれ，非行集団に同一化しやすいことや，第二次反抗期，第二次性徴によってイライラしたり心理的に不安になりやすかったりすることが要因として考えられています。この時期限定で発生し，成人期に向かうにつれて収束していく非行を，アメリカの心理学者**モフィット**（Moffitt,T.E.）は**青年期限定型非行**として，生涯継続的な非行とは区別をしています。

　従来，この青年期限定型非行は，窃盗や器物損壊といった比較的軽微な非行である**初発型非行**を，集団で遊戯的に行ったり，校内暴力によって大人の示す価値観や行動様式に抵抗したりするといった様相をみせていました。しかし近年，その様相が変化し，表面的にはおとなしく，目立たない一見普通の子どもが単独で，しかもはるかに予想の域を超えた突発的な犯行をみせる**いきなり型非行**が多くみられるようになりました。この背景には，インターネットやバーチャルゲームの普及により，仮想空間と現実の感覚があやふやになる子どもが増えたことがあげられるほか，本来友人関係の中で学ぶべき社会性や対人関係能力を，人間関係の希薄化によって身につけることがむずかしくなっていることも考えられています。

　一見偶発的にも思えますが，事件の前に，子どもはさまざまな形でサインを発している場合も多いとされています。中でも代表的なものとして，周囲の人への相談や家出，自傷行為があげられます。子どもが普段と異なる様子を少しでもみせ始めたら，声をかけて注意深く見守るほか，他の教員や，必要に応じてスクールカウンセラーと連携を取ることが重要です。

　また，いきなり型でない比較的軽微な非行を行う子どもも「自分の気持ちを表現するべき言葉がみつからない」「話を聴いてもらえる人がいない」または「聴いてもらっても，もし自分の気持ちが受け止められなかったらどうしよう」といった不安を，逸脱行動を通してSOSのメッセージとして大人に発信している可能性があります。もしこのような場面に遭遇したら，一方的に子どもを押さえつけるような態度を取るのではなく，子どもの話に耳を傾け，その問題を「どうなくすか」だけでなく，「どう理解するか」という姿勢ももちながら対応にあたることが教員には求められます。

Tips　青年期の悩みと自殺

　青年期は大人への移行期であり，急激な身体的変化が現れるため（第二次性徴），心身のバランスが崩れやすく，さまざまな悩みを抱えやすい時期です。悩みの代表的な領域として，自分自身（内面，外面を含む），対人関係，学習，将来などがあげられます。

　このような青年期の悩みが一つの要因となり，子どもたちの身体面（心身症など），心理面（不安や抑うつなど），行動面（不登校や自殺などの非社会的行動，非行や攻撃行動などの反社会的行動，強迫行動など）に不適応症状が現れることがあります。また，統合失調症（幻聴や幻視，妄想といった症状）や，双極性障害などに代表される精神疾患を発症することもあります。さらに，これらの問題は，自殺企図や自殺と結びつきやすいということが指摘されています。

心身のバランスの崩れが不適応に結びつく

　わが国では，15～39歳の死因の第1位が自殺となっています（厚生労働省，2018）。そして，自殺した子どもがおかれていた状況の上位に，「進路問題」「友人関係の悩みやいじめ」「家庭不和」などがあげられ，学齢が上がるにつれ自殺した子どもの割合は増加傾向にあることが報告されています（文部科学省，2018b）。こうした状況に鑑み，自殺者の減少を目的とした「自殺対策基本法」が2006（平成18）年に制定され，国や都道府県，市町村レベルでさまざまな支援が実施されています。また，自殺を防ぐ防御因子として，心身の健康はもとより，安定した社会生活（良好な対人関係など），適切な対処行動（信頼できる人への相談），支援の存在，利用可能な社会制度の理解などがあげられています。

見逃せない青年期の悩み

　以上をまとめますと，青年期の悩みや不適応症状は，それ自体が深刻な問題であり，さらに自殺と結びつきやすいということからも，見逃せない問題であるといえるでしょう。残念ながら学校で教員ができることには限界があることも事実です。支援を検討する際には，人的資源を活用することはもとより，医療や福祉といった機関との連携を念頭におく必要があります。そのためにも，日ごろから地域の関係各所との連絡を密にしておくなどして，つながりをつくっておくことが重要です。

Tips 青年期の恋愛

エリクソン（Erikson, E.H.）は青年期の恋愛を，青年自身の拡散した自画像を恋人に投射することにより**アイデンティティ**を定義づけようとする努力であると述べました。また，他者との親密な関係を築くためには確固としたアイデンティティが必要であるとしました。

身体的な成熟を迎えた思春期において，恋愛は重要な意味をもちます。親密性が成熟していない状態，かつ，アイデンティティ統合の過程で，他者との関係性や評価によって自己のアイデンティティを補強し，定義づけようとする恋愛行動を**アイデンティティのための恋愛**と呼びます。特徴としては，以下があげられます。

①相手からの賛美，賞賛を求める（「好きだ，素敵だ」と言ってほしい）
②相手からの評価が気になる（「私のことをどう思う」と言う）
③しばらくすると，呑み込まれる不安を感じる
④相手の挙動に目が離せなくなる（「相手が自分のことを嫌いになったのではないか」と気になる）
⑤結果として交際が長続きしないことが多い　など。

つまり，青年期においては相手からの自分への評価が，自己のアイデンティティの拠り所となるため，常に賛美・賞賛を求め続けなければ自己存在の基盤が危うくなり，不安を感じることになります。また，アイデンティティの確立が他者と親密な関係を築くための前提であるため，アイデンティティ形成途上での恋愛では，自己存在の基盤を揺すられるような不安を感じることになります。

「アイデンティティのための恋愛」関係にある青年たちの関心はあくまでも自分自身であり，相手の存在は自己を投影する鏡として，「相手に映る自分の姿」に最大の関心が払われます。そのため，恋愛関係は親密なものには発展せず，「呑み込まれる不安」のようなネガティブな感情や認知が生じて，交際が長続きしないと考えられます。

このように，青年期におけるアイデンティティと恋愛の関係は相互作用の関係にあり，恋愛のあり方がアイデンティティ形成に影響し，同時に青年期のアイデンティティ形成の程度が恋愛関係のあり方に影響を及ぼすのです。

Column　いろいろなタイプの高等学校の現状

　現在，高等学校(高等専門学校等を含む)への進学率は98％を超えており，ほぼすべての中学生が高等学校へ進学しています。そして，子どもの能力，適性，興味・関心，進路希望などが多様化し，この現状に応えるため専門科高等学校や定時制・通信制高等学校のみならず，単位制高等学校や総合学科の導入・創設などの制度が整備されてきました。つまり，高等学校は，子どもの多様なニーズや実態に応えることができる教育機関になったといっても過言ではないでしょう。

　その一方で，不登校や中途退学などに代表される学校不適応問題や，学習意欲や学力の低下などが教育上の大きな課題となっています。これらの課題は，各高等学校が均一に抱えているわけではなく，各学校によって差異があることが報告されています。

　このように，高等学校という同じ学校制度に属していても，教育課題については一括りに論じることがむずかしくなっている現状があります。そこで，高等学校の特性を考慮し，いくつかのタイプに分類したうえで，各学校タイプが抱える課題を把握しやすくすることが提案されています。この提案を考慮した研究として，各学校の大学進学率を用いて，「進学校」「進路多様校」「非進学校」の3つに分類し，さまざまな研究が行われています。これまでに明らかになった知見の概要は以下の通りです。

(1)進学校

　ここでは大学進学率80％以上の学校を，進学校と分類します。

　進学校の特徴は，①学校生活に適応している子どもが多い，②学習意欲が高い，③学習意欲と進路意識が学校適応と正の関連がある，の3点です。

　これらを踏まえると，進学校では，生活や学習の基盤となる良好な人間関係を形成する取組みを行うとともに，学習意欲や進路意識の向上にも効果的である協同的な学習活動を，能動的に活用することが効果的な取組みになるでしょう。

　そのため，例えば，子ども同士の教え合いや，希望する進路先が同じ子ども同士での協同的な学習活動など，集団で学習や進路に関連する課題に取り組める場面の設定を，計画的に一定の時間を確保して実施するなどが考えられます。

(2) 進路多様校

ここでは大学進学率が20％より大きく80％未満の学校を，進路多様校と分類します。

進路多様校の特徴は，①学校生活に適応している子どもと，他者から認められる機会が少ないと感じている子どもがいる，②学校・学級での集団活動に対する意欲が高い，③その意欲が学校適応と正の関連がある，の3点です。

これらを踏まえると，進路多様校では，在籍する学校・学級における集団活動に対する意欲や，帰属意識を高めることを目的とした活動を構成し展開することが効果的な取組みになるでしょう。

そのため，例えば，学校生活における諸活動に取り組む前に子どもたちの参加意欲や当事者意識を高める場面を設定する，活動中の節目に各自の取組みを認める時間を設けて意欲の維持を図る，活動後には子ども個々の取組みとともに，みんなで協力して達成できた成果を認め合う場面を設定するなどがあげられます。

(3) 非進学校

ここでは大学進学率20％以下の学校を，非進学校と分類します。

非進学校の特徴は，①不適応傾向を示している子どもが多い，②教員とのかかわりに対する意欲が高い，③その意欲が学校適応と正の関連がある，の3点です。

これらを踏まえると，非進学校では，教員はもとより友人との良好な二者関係の形成を目的とした取組みが求められるでしょう。

そのため，例えば，ホームルームや休み時間，放課後などの時間に，教員や子ども同士でコミュニケーションを取れる場面を設定するなどがあげられます。なぜならば，心理的距離をより親密化し，良好な関係の形成に寄与するからです。一方で，留意点として，学習意欲と進路意識が不適応感と関連が認められたため，学習や進路に関連した活動は，授業やガイダンスなどの公的な一斉指導場面のみならず，休み時間や放課後などの時間を活用した個別対応などが必要になります。

以上の報告からも，高等学校は学校タイプごとに子どもの実態や教育課題が異なる，ということを念頭におく必要性が示唆されます。

【第Ⅱ部　発達の心理とは】
第6章
発達的変化

　人間の発達は連続的・継続的に進んでいくもので，特定の年齢時期は他の年齢時期とは異なる特徴のまとまりをもっています。人間の発達の変化に関する一般的な傾向を理解できれば，次の段階への移行がスムーズになるように，見通しをもった適切な支援が可能になります。
　本章では，身体や心理，対人関係の形成の仕方など，人間の発達の変化について考えてみましょう。

1. 友人選択の要因の発達的変化

子どもたちはどのような基準で友人を選択しているのでしょうか。

エプスタイン（Epstein,J.L.） は，友人の選択には，①近接性（家が物理的に近いなど），②同年齢，③類似性（性格，態度，興味などが似ている）の3側面が関連していることを示しました。日本においては，友人選択の理由を，①いつも遊ぶ，席や列が近いという相互的接近，②何となく好き，感じがよいという感情的結合を示す同情愛着，③相手を尊敬し，性格や趣味や希望が一致する尊敬共鳴，④教え合う，助け合うなど同一目標追求のための協同の態度を示す集団的協同の4側面に分類して，広範囲にわたる年齢層に対する調査から，発達的変化が報告されました（**図**）。

5歳児の半数に見られた相互的接近が10歳児には10％程度に減少し，成人まで同水準を維持すること，5歳児にまったく見られなかった尊敬共鳴は年齢を経るごとに増加していること，さらに，5歳児の半数に見られた同情愛着は，8歳児で65％と最も高くなり，その後直線的に下降していくことがわかります。また集団的協同は10歳児が5％で，その後25歳ころまでに15％に微増しています。このことから，年少では相互的接近，年長では尊敬共鳴が重要であることを示唆されます。このように，友人の選択理由は，発達によって変化しているのです。

友人選択の要因 (田中，1975：新井，1997)

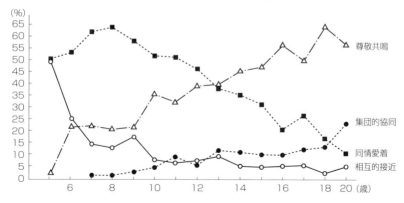

2．友人関係の発達的変化

　児童期から青年期へと移行する間に，友人関係は**ギャンググループ，チャムグループ，ピアグループ**へと変化します。

　ギャンググループは，児童期（小学校中学年ころ）に形成される4〜6名程度の同性のグループで男子によく見られます。休み時間や放課後などに一緒に遊ぶなど同一行動を取り，仲間だけにわかる言葉を使ったりと，一体感を得ることを求めます。チャムグループは，思春期（中学生ころ）に形成される2〜3名のグループで女子によく見られます。親に言えない秘密を打ち明け合い内面を共有すること，共通の趣味をもち，考え方や感じ方が似ていることを言葉で確かめ合うことを求めます。ピアグループは青年期（高校生ころから大学生以上）に見られ，考え方や感じ方の違いを知ることが面白いと感じたり，性別や年齢に関係なく，さまざまな他者と対等な関係を結ぶことを求めます。友人関係の発達は行動の類似性の重視から，内面の同質性の重視へ，さらには異質性を受け入れる関係へと発達していくのです。

　思春期の友人関係を示すチャムグループにおいては，**ピアプレッシャー**が生じることがあります。ピアプレッシャーとは，グループのメンバーに対して「皆と同じであること」を強く求める同調圧力のことです。これにより，「仲間はずれにされたくないので話を合わせる」「友人と同じことをしていないと不安だ」などの心性が生じることがあります。またピアプレッシャーがエスカレートすると，同調しないメンバーに対しての侵害や排斥が起こり，グループの中にいじめなどがあるにもかかわらず，グループを抜けることができないなど，苦しい状況に陥ることもあります。

　また，青年期後期になればすべての人がピアグループに移行するというわけではありません。発達の過程でギャンググループやチャムグループのような友人関係の体験が十分に満たされなかった場合，青年期以前の友人関係を再体験しようと行動することがあります。つまり，友人関係の取り方については，個人差があり，各々の発達に応じて質的に変化しながら展開されるのです。

3. 道徳性の発達

　ピアジェ（Paget,J.）は，道徳性の研究も行っています。幼児期から児童期前期（～7，8歳）においては，規則やルールは，大人や教員などの権威者から与えられるものであり，それに反することは罰の対象となると考えます。これを他律的道徳といいます。一方，児童期後期（～11，12歳）になると，規則やルールは集団での生活を成り立たせるために自分たちがつくり，調整するものであると考えるようになります。これを自律的道徳といいます。幼児期から児童期までの子どもの道徳性は，他律的道徳から自律的道徳の段階へと発達するのです。

　さらに児童期前期の子どもは，行為の善悪を結果により判断しますが，児童期後期の子どもは，結果というよりもなぜそれを行ったのかという動機に目を向けて判断するようになります。よって，「物が壊れた」という結果に対して，壊そうと思って壊したのか，誤って壊してしまったのかなど，動機の質により判断できるようになるのです。

　ピアジェと理論に影響を受けた**コールバーグ**（Kohlberg,L.）は，青年期を対象に，道徳的葛藤を含む物語に対する回答から，道徳判断の認知構造に焦点を当てた3水準6段階の発達モデルを提唱しました（**右表**）。

　さらに，コールバーグが用いた道徳性発達段階の測定方法「ハインツのジレンマ」（**右図**）を見てみましょう。コールバーグは，ハインツはどうするべきだったかという行動や判断の結果ではなく，なぜそう考えたかという理由づけに着目しました。

　コールバーグの発達段階によると，前慣習的水準は幼児期から児童期前期にみられる水準で，善悪を個人の利害から捉えます。慣習的水準は児童期から青年期前期にかけてみられる水準で，社会の規則や他者の規則といった約束事を道徳としてみるようになります。脱慣習的水準は青年期後半以降にみられる水準で，社会の規則に縛られない普遍的な道徳原理を見出そうとするようになります。

　ピアジェとコールバーグはともに，道徳性の中でも道徳判断という認知的側面に注目しているところに特徴があります。

コールバーグの道徳性発達段階理論 (荒木, 2017)

	段　階	特　徴	図式にすると
前慣習的水準	第1段階：罰の回避と服従志向	正しさの基準は外部（親や権力をもっている人）にあって，罰せられるか褒められるかが正しさを決定する。	親など → 私
	第2段階：ギブアンドテイク・道具的互恵主義志向	正しいこととは，自分の要求と他人の要求のバランスが取れていることであり，「……してくれるなら，……してあげる」といった互恵関係が成立すること。	私 ⇄ 親など
慣習的水準	第3段階：よい子志向	グループの中で自分がどう見られているか，どういう行動が期待されるのかが正しさの基準になる。つまりグループの中で期待される行動を取ることが正しいことである。	私・他人・他人
	第4段階：法と社会秩序志向	個人的な人間関係を離れ，社会生活の中で，あるいは法が治める中で，どのように生きていくか考えることができる。正しさの基準は，社会システムの規範に合致することである。	法や社会システム／私・他人・他人
脱慣習的水準	第5段階：社会的契約と法律的志向	社会システムの中で生きながら，かつ社会システムの矛盾を見出し，それを包括するような視点を提起できる。	私／法や社会システム／他人・他人
	第6段階：普遍的な道徳	正義（公平さ）という普遍的な原理に従うことが正しいことであり，人間としての権利と尊厳が平等に尊重されることが道徳的原理となる。	私／法や社会システム／他人・他人

ハイツのジレンマ (Colby & Kohlberg, 1987；内藤, 2005)

　ハインツの奥さんが病気で死にそうです。医者は，「ある薬を飲む他に助かる道はない」と言いました。その薬は，最近ある研究所で発見されたもので，製造するのに5万円かかり，それを50万円で売っています。ハインツは，手元にお金がないので，お金を借りてまわりました。しかし，半分の25万円しか集まりませんでした。ハインツは，研究所の所長さんに訳を話し，薬を安くしてくれないか，後払いにしてくれないかと頼みました。しかし，頼みはきいてもらえませんでした。ハインツは，困り果て，ある夜，研究所に押し入り薬を盗みました。

質　問　ハインツは，盗むべきでしたか？／なぜですか？／もし，ハインツが奥さんを愛していなかったらどうですか？／もし死にそうなのが人ではなくあなたのペットの場合はどうですか？／法律は，いつも守らなければなりませんか？／その理由は？／等

反応の例（ただし，盗んではいけないとした場合のみをあげる）
　第1段階「薬を盗むのは，泥棒をすることで悪いこと」
　第2段階「ハインツは，自分の価値観に従うべきだ」
　第3段階「世間の人々は，そのようなことを望んでいないと思う」
　第4段階「社会が成り立っていくためには，法律を守らなければならない。もし，簡単に法を破ることを認めてしまえば，社会はばらばらになる」
　第5段階「法律を破ってもよいのは，人間としての基本的な人権がおかされるときである。この場合，そのようには考えられない」

4. 向社会的行動

　コールバーグ（Kohlberg,L.）が提唱した道徳的判断の発達段階とは，その場にふさわしい道徳的な行動とは何かを判断する際の軸の発達について体系的にまとめたものです。では，「道徳的な行動」とは，いったいどんな行動でしょうか。道徳的な行動と呼ばれているものの一つに，**向社会的行動**があります。

　一般的に，向社会的行動とは，相手の利益を意図して自発的に起こす行動のことをいい，比較的大きな枠組みの概念です。代表的な向社会的行動に，相手を助ける「援助」や他者と資源を分け合う「分与」，募金するなどの「寄付」があります。

　また，混同されやすい用語として，**愛他的行動**があります。これは，純粋に相手のため「のみ」を思って起こす行動のことで，向社会的行動の一部とされています。例えば，学校で同級生が転んだとき，それを見た子どもが転んだ同級生を保健室まで連れて行く行動は向社会的行動です。仮にその理由が「同級生の怪我を心配したから」ということであれば愛他的行動といえますが，「先生に褒めてもらいたいから」ということであった場合，愛他的行動とはいえません。

　いままで行われてきた多くの研究の結果，男子よりも女子の方が向社会的行動の頻度は高いといわれており，発達過程における一時的な生起頻度の減少傾向も確認されています（**図**）。

向社会的行動の生起頻度（二宮，2010）

5. 向社会的道徳推論

アイゼンバーグ（Eisenberg, N.）は，コールバーグ（Kohlberg, L.）の道徳性発達理論を拡張し，向社会性の発達の観点から**向社会的道徳推論**の発達理論を提唱しました（**表**）。向社会的道徳推論は，自分の快楽や損得を基準とした考え方から，ステレオタイプな印象や他者からの承認，相手の立場に立った共感的な思考を基準とした考え方を経て，強く内在化された価値観にもとづくものへと発達していきます。コールバーグの理論と異なる点として，これらのレベルは可逆性をもっているという点があげられます。自分の置かれた状況や周りの環境によって向社会的道徳推論のレベルは異なり，そのとき・その場に応じて，個人はさまざまなレベルの向社会的道徳推論を選択・使用することができるとされています。

アイゼンバーグによる向社会的道徳推論の発達段階 (Eisenberg, 1986)

レベル（主な対象学年）	概　要
レベル1：快楽主義・自己注目的志向 （未就学児と小学校1〜3年生）	道徳的な判断基準よりも自分の利益，将来的な互恵性，その相手が自分にとって必要な相手かどうか，あるいは好いている相手かどうかということによって，他者に手を差し伸べる・差し伸べないということが決められます。
レベル2：要求中心的志向 （多くの未就学児と多くの小学生）	他者の要求が自分の要求とそぐわないものであっても，関心を示すようになります。
レベル3：承認および対人的志向／ステレオタイプ的志向 （小学生の一部と中・高校生）	よい人（行動）と悪い人（行動）に対するステレオタイプな印象や他者から承認されるかどうかについて考慮することで，向社会的行動の実行・不実行が決められます。
レベル4a：内省的な共感志向 （少数の小学校4〜6年生と多くの中・高校生）	役割取得，相手の人間性への懸念，自分が行動した結果に対する罪悪感やポジティブな感情を含んだ判断が行われます。
レベル4b：移行段階 （少数の中・高校生とそれ以上の年齢）	内在化された価値観・規範・義務・責任，他者の権利や尊厳の保護への言及などによって援助・非援助が正当化されるようになります。
レベル5：強く内在化された段階 （ごく少数の中・高校生）	内在化された価値観・規範・責任，権利，すべての個人の平等などを根拠として，援助・非援助が正当化されます。また，自身の価値観や規範に従って行動することによってポジティブあるいはネガティブな感情を抱くようになります。

6. 役割（視点）取得能力

相手の気持ちや考えをその人の立場に立って理解しようとする能力を**役割取得能力**といいます。役割取得能力の発達には，以下の三つの視点が含まれています。①自他の観点の違いを意識すること，②他者の感情や思考などの内的特性を推論すること，③それにもとづいて自分の役割行動を決定することです。**セルマン（Selman,R.L.）**は，役割取得の発達を検査する**ジレンマ課題**を用いて，登場人物の視点と検査対象者の視点間の関係における葛藤について臨床的に分析しました。これを体系化したものが**社会的視点取得能力の発達段階**です。以下に示します。

○**段階0：自己中心的視点取得**（3～6歳）
　他者の単純な感情は理解できるが，自己と他者の視点を区別することができず，ときとして混同する。

○**段階1：主観的視点取得**（5～9歳）
　他者の思考や感情が自己と異なることに気づくが，他者の視点に立って考えることができず，主観的に判断する。

○**段階2：自己内省的視点取得**（7～12歳）
　他者の視点に立って自己の思考や感情を内省できるが，双方の視点を考慮し関係づけることができない。

○**段階3：相互的視点取得**（10～15歳）
　自己と他者を対象として見ることができ，第三者の視点から自己と他者の思考や感情を調整することができる。

○**段階4：社会および慣習システムの視点取得**（12歳～大人）
　自己の視点を社会全体や集団全体を見る視点として関係づけることができる。

役割取得検査に用いるジレンマ課題 <small>(荒木, 1988)</small>

「木の上のネコ」
　木登りの好きなホーリーはある日，木から落ちてしまい，お父さんともう木登りをしないと約束した。何日かして，友達のショーンの子猫が木にはさまって降りられなくなっているのを見つけた。子猫をおろすことができるのはホーリーしかいないが，お父さんとの約束を思い出している。
　ホーリーは木に登るか。もし木に登ったことをお父さんが知れば，お父さんはどんな気持ちになるか。

Tips 近年の発達加速の様相

2017（平成29）年度の学校保健統計調査（文部科学省，2018a）によると，現代の子どもの身長や体重は祖父母世代（55年前）や親世代（30年前）と比較して増加しています。

ただし，身長の増加の割合は祖父母世代と親世代で約5cm前後，親世代と現代で1cm未満となっており，また体重の増加の割合は祖父母世代と親世代で3～6Kg程度，親世代と現代で1Kg未満となっています（**図右**）。

また，初潮年齢推移（**図左**）においても，祖父母世代は13歳ころ，親世代では12歳半ころに初潮を迎えるのに対して，現代では12歳ころに前倒ししています。

これらの様相から，親世代と現代における増加や加速の割合よりも，祖父母世代と親世代における増加や加速の割合が高いことが示されています。

発育状況の世代間比較（文部科学省，2018a）

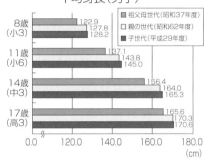

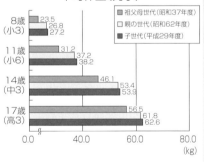

初潮年齢推移
（日野林ら，2009：田口，2010）

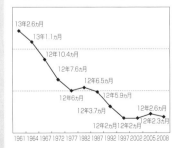

子世代，親の世代（30年前），祖父母世代（55年前）を比較すると，身長・体重とも各世代間で増加していることがわかる。全体的には祖父母世代から親の世代が大きく増加している。親の世代と子世代の間も増加しているが，祖父母世代と親の世代の間に比べると増加の割合は小さい。

第Ⅱ部　発達の心理とは

第6章　発達的変化

Tips 友人関係に対する欲求の発達的変化

　児童期から青年期の友人関係は，学年が上がるにつれて，同質性・類似性の確認から異質性の受け入れへと質的に変化しながら展開していきます。実際に，子どもは，友人関係に対してどのような欲求をもっているのでしょうか。小学校4年生から中学校3年生まで約1,800名（各学年300名弱）の子どものデータから，次のようなことがわかってきました。

友人関係に対する3つの欲求

　子どもがもつ友人関係に対する欲求には，①グループの仲間同士で固まっていたいなど，友人以外の他者を入れない閉鎖的な関係を求める**固定した関係欲求**，②考え方が違う人が刺激になるなど，さまざまな他者とかかわりを求める**開かれた交流欲求**，③秘密や悩みを友人に打ち明けるなど，他者との心理面における深まりを求める**内面共有欲求**の3種類があります。これらの得点は学年の移行により**右図**のように変化します。

　この結果をみると，固定した関係欲求は男子において特に得点が高く，中学校1年生前後で変化がみられます。児童期の男子に特徴的なギャンググループに象徴されるように，ある程度固定したメンバーでの遊びのような集団活動を通して形成される友人関係が重要であると考えられます。男子の場合，そのような関係性の中で，集団を形成するためのルールや人間関係，協調性や思いやり，責任感，集団内の役割などを学ぶ側面が強いのです。

　内面共有欲求は女子において特に得点が高く，小学校5年生から6年生にかけて変化がみられます。この時期に自分の内に秘めている感情を特定の他者に開示したり，互いの秘密として共有したりすることで親密さを深めようとする傾向が増加していくことが確認できます。

同質性の確認に配慮した学級集団づくり

　開かれた交流欲求は，男女ともに中学校2年生から3年生にかけて上昇し，青年期後期に向かうにつれて，類似性の確認から異質性の受け入れへと質的に変化していくことが確認できます。

　近年の学校現場で指摘されている「中1ギャップ」と関連させて考えると，男子では中学校1年生に高まる「固定した関係欲求」による同質性の確認に，女子では小学校5年生から6年生にかけて変化する内面共有欲求による同質性の確認に配慮して，学級集団づくりなどをする必要があると

考えられます。つまり，この時期に，同性の親しい友人がおらず，自分が求める欲求が得られにくい状況にある子どもは友人関係形成意欲が高まらず，友人関係を維持する行動の発現も減少し，適応および自己形成がむずかしいという状況が露見するのではないかと考えられるのです。

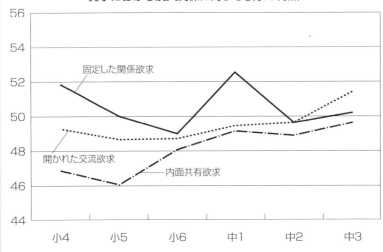

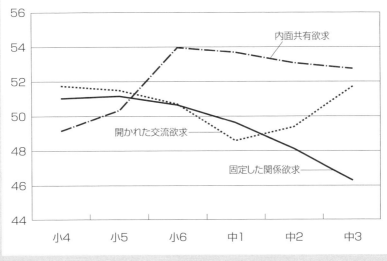

第 6 章　発達的変化

また，この時期のむずかしさとしては，固定した関係欲求や内面共有欲求が建設的かつ親和的に同質性や類似性を確認する方向に向かう場合と，自分が排除されないために他者を排除しようとする方向に向かう場合があることです。後者になると「いじめ」行動に向かう可能性に注意する必要があります。

　いじめ行動の生起の背後には集団内での同調行動からの逸脱者に対する否定的態度があるといわれるように，固定した関係の中で異質な他者を共通の敵として認識し，仲間意識を保とうとすることがあるので，これらの予防的な対応が求められるのです。

開かれた交流へ移行させる

　中学生の交友関係と対人適応感の関連については，男女ともに多くの交友関係を有しているほど対人適応感が高くなること，時間経過と対人適応感との関連から，男子では入学当初にいかに広い交友関係を形成できるか，その後は親密な関係の形成が重要となってくるといわれています。また，女子では，校外でも遊べるような親密な交友関係の形成がまず必要で，その後は少数の仲間関係に収束させず，いかに広い交友関係を維持できるかが重要となってくるといわれています。

　このようなことを事前に把握しておくと，教育活動の中で意図的な友人関係形成の支援が可能になります。つまり，子どもが固定した関係欲求や内面共有欲求を十分に満たすことで自己の安定を図りながらも，その関係をいじめなどの排他的な関係に発展させず，親和的な関係を建設的に維持するための方策が得られます。

　具体的には，男子は中学入学時に広くかかわる機会をもたせ，建設的で固定的な関係が閉鎖的および排他的な関係にネガティブに変化しないように気をつけながら，内面交流できる関係へ移行させること，女子は内面共有できる深い交友関係をもちながらも，その関係に固執しすぎない広い交友関係へ移行させることです。

　さらに，児童期の小学校4年生ころまでの開かれた交流欲求が高い時期に，そのような関係を十分体験学習することが，中学校2～3年生での再度開かれた交流欲求に移行するための準備として必要なのではないかとも考えられるのです。

Column　最近の第二次反抗期の実際

　ポジティブ行動の1つとして，他者の利益を意図する向社会的行動というものがあります。向社会的行動を多く取る人は，高い社会適応を示し，他者との気持ちのつながりを強め，望ましいものにしようとする傾向があります。この行動は対自的・対他的に重要な行動です。子どもの友人に対する向社会的行動は，学級満足度に関連することも示されています。

　向社会的行動は児童期から青年期にかけて増加していくと考えられていましたが，近年，小学校から中学校への移行期にかけて減少（バウンスバック）し，その後，中学校2年生から3年生にかけて増加することが報告されました。小学校から中学校への移行期は，第二次反抗期の入り口と重なり，この時期の子どもと向き合う教員が，対応のむずかしさに悩むことはめずらしくありません。

第二次反抗期は小学校高学年に始まる

　小学校高学年の学級には，すでに第二次反抗期が始まっている子どもたちが少なからずいます。そのような子どもたちは，親や教員から，命令的あるいは一方的に指示・指図されることに対して，抵抗感をもつことも多いのです。これまでは親の言うことにさほど疑問を感じなかったり，「先生が言うことはしっかりと聞いて，先生がダメと言ったことは絶対にやらない」と抵抗なく受け入れたりできていたのに，思春期に歩を進めることにより，突然そうはいかなくなってきます。自分が納得しなければ，反感を覚え，指示に従わなかったり，行動に移さなくなったりします。納得しないまま行動せざるを得ない状況には，反抗的もしくは無気力な表情や態度を表出することもあります。実際に，小学校高学年のある学級では，生活指導のしっかりとしたベテランの先生が，ルールを徹底させるための指導に偏ってしまい，それが子どもたちの不満を一気に爆発させるきっかけとなり，以来子どもたちが，教員に反抗的な態度を取り，いじめ，暴力が横行するようになったというケースも報告されています。

　この時期の子どもたちは親や教員に対して「自分でできることは自分でやりたい」「大人が思っているよりしっかりできる」「自分の考えも聞いてほしい」「子ども扱いはやめてほしい」と強く思い，願っています。しかし，地域共同体の衰退や核家族化，少子化などの近年の社会の変化に伴い，

社会化の機会が以前より少ない子どもたちは,それを上手に表現する方法を学ぶ機会も十分に保証されず,未熟な面があります。

学校・学級は子どもたちの社会化の貴重な場となるため,教員は時間や労力を惜しまずに,子どもと向き合い,子どもの思いを受けとめたり,支えたり,ともに考えたりすることが求められます。子どもとの,そして学級集団との信頼関係を築いていく必要があります。

例えば,学級にかかわることは教員の指示や発言力のある一部の子どもたちだけで決めるのではなく,学級の全員一人一人の思いや願いを学級全体で共有できるように,全員の思考を外化できる方法を工夫して,民主的なプロセスを経て決定していきます。また,高学年の子どもたちは行事や委員会などにおいて,全校レベルで大きな役割を担う機会が多く,そうした機会での活躍を子ども同士で賞賛やフォローアップをさせることが大切です。そのためにも日ごろから教員が子どもの積極性やフォローアップについてアンテナの感度を高め,それらを学級全体の中で承認し,価値づけをしていく必要があります。

大人や教員の権威を絶対視しなくなる時期は,子どもたちの自治力を育成するチャンスでもあります。適度なかかわり,距離を意識しつつ,子どもが「自分でできた」という達成感を味わえるような対応が必要です。個人差はあれ,子どもたちは中学校に上がると,思春期の入り口を抜けて,そのまっただ中に突入します。児童期の発達課題や教育課題の積み残しは,思春期以降の発達に影響を及ぼすといわれています。中一ギャップを乗り越え,よりよい適応を促進するためにも,小学校高学年における,第二次反抗期への初期対応を意識した指導・援助が大切です。

第二次反抗期の子どもたち (河村ら,2009b を参考に作成)	集団づくりの留意点 (河村ら,2009b を参考に作成)
・大人や教員を絶対視しない ・納得しないと行動に移せない ・友人の反応が気になる ・自立の心が芽生える ・表現方法が未熟 ・「自他の違い」の気づき　等	・学級組織を民主化する ・合意形成を図りながら自治的な組織をめざす ・子どもの思いや願いを受けとめ,学級づくりに生かす ・「学級・学校としての誇り」を意識させる ・全校リーダーとしての活躍を学級で認め合う　等

【第Ⅱ部　発達の心理とは】

第7章
性　格

　人間は「人の間」と記されるように，人と人との関係性を重視してきました。紀元前の時代から，人はかかわる相手の性格に注目していたのです。古代ギリシャの哲学者テオプラストスは著作『人さまざま（性格論）』の中で，古代ギリシャの民衆の姿を30章にわたって描き出しています。そこには現代の人々にも通底する性格特性が見出されます。人にはその人を特徴づける特性があり，その特性には代表的なタイプがあるのです。

　子どもたち個々の性格特性を理解できれば，教育実践において個人特性に応じた適切な支援が可能になります。本章では，子どもたちの性格について考えてみましょう。

1. 性格とは

　私たちは，ケースバイケースで，いろいろな行動や態度を取りますが，それでも，その人それぞれに一貫したパターンがあります。ある人を特徴づけている持続的で一貫した行動パターンを，性格（パーソナリティ）といいます。人格ということもあります。性格には，生まれつきの部分と，その後の環境によってつくられる部分があります。

　性格の成り立ちについては，**宮城音弥（1960）**が**性格の4層構造**を示して以来，捉え方に大きな変化はありません。性格の中の生まれつきの部分を**気質**といい，気質は変わらないとされています（**図**）。その上に，幼少期（0～3歳ころまで）に養育者（たいていの場合は母親）との愛着関係の影響によって，狭義の性格が形成されます。大人になってからは，ほとんど変わらないといわれています。

　その上に，社会によってつくられた**習慣的性格**があります。幼児期から児童期・学童期，青少年期，成人期にいたるまでの間に，家庭（親・兄弟）・地域（近隣の人びと）・学校（教員・友人）・職場（上司・同僚）等々，さまざまな人から生活習慣や価値観，モノの考え方，倫理観などを刷り込まれていきます。それによって形成されるのが，習慣的性格です。

　最上層に，現在の役割に応じた**役割性格**があります。社会でのさまざまな場面・状況に適応するために形成された性格で，状況に応じて瞬間的に変えることができます。

　例えば，所属する学級集団やメンバーに合わせて意識的・無意識的に変えたり変わったりします。家庭では明るく活発な子どもが，学校では無口で消極的であるというように，周囲の状況に合わせて役割性格はつくられるわけです。下層部分ほど変わりにくく，上層部分ほど変わりやすいのです。

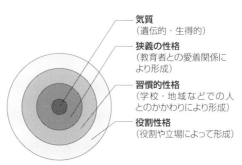

性格の4層構造（宮城，1960より作成）

2. 気質とは

　気質とは，人間が生まれつきにもつ行動特徴のことです。新生児も，よく泣く・あまり泣かない，敏感・鈍感，よく動く・あまり動かないなど，さまざまなタイプがあることは，何人かの新生児にかかわれば明らかにわかります。多くの研究者たちは，このような発達初期からの個人差を，生得的で生物学的な基礎をもつ気質という概念で捉えました。そして，性格は，気質と環境との相互作用（性格＝気質×環境）によってつくられると考えられています。

　『ニューヨーク縦断研究』（Thomas & Chess）は，136名の子どもを対象にした成長プロセスを追跡調査する縦断研究で，乳児期～青年期までの長期間，子どもの気質の類型や個人差を調べた先駆的研究として有名です。子どもの詳細な行動特徴のデータを定期的に集め，乳児期における行動反応パターンにはっきりした個人差が見られることを報告し，子どもの気質を3タイプとそれ以外に分類しました（**表**）。

　この研究は，子どもの健全な発達は気質が環境の諸条件（養育者の期待や要求など）と調和するときに生じると考えており，気質と環境とのマッチングが重要であることを示しました。

気質の4分類 (Thomas & Chess, 1977)

気質タイプ	特　徴
育てやすい子 (Easy child) 40%*	睡眠・食事・排泄が安定していて規則的であり，機嫌がよくて精神状態が安定している。新規な状況や物事に対して好奇心をもって接近し，新しい環境に対する適応が早い。
気むずかしい子 (Difficult child) 10%*	睡眠・食事・排泄が不安定でバラバラであり，機嫌が悪くて精神状態も不安定（感情的に怒りやすいなど）である。新規な状況や物事に対して不安感を感じて回避し，新しい環境に対する適応は遅い。
順応が遅い子 (Slow-to-warm-up child) 15%*	新規な状況や物事に対しては不安感を感じ，新しい環境に対する適応は苦手である。しかし，睡眠・食事・排泄の生理的機能は安定していて規則的であり，普段の機嫌はよくて精神的にも安定している。
それ以外の子 (Other child) 35%*	上記の3タイプのどれにも属さない。平均的。

＊は，縦断的研究の全サンプルに対する割合

3. 類型論

類型論とは，人間がもつさまざまな特徴がその人物の性格に影響しているという考え方にもとづき，ある一つの特徴を取り上げて分類することで性格の違いを把握するという理論です。簡単にいえば，タイプ分けです。

心理学における性格の類型論として，**ユング（Jung, C.G.）** による**内向型**と**外向型**という分類（**表上**）や，**クレッチマー（Kretschmer, E.）** の体格と気質の関連による分類（**表下**）などがあります。類型論のメリットとして，細部を省略した大きな傾向を示すことができることがあげられます。ユングの内向・外向型を借りて説明します。外向型の人を10人連れてきたら，大まかにみんな外向的ではありますが，細かい性格はそれぞれ異なるはずです。しかし，類型論ではその細かい性格を無視し，大枠としての外向型に当てはめて考えます。大カテゴリの下にあるさまざまな小カテゴリは無視して，大カテゴリのみを使った分類方法といえます。

ユングの類型論 (Jung, 1921：林, 1987)

方向型	外向性	内向性
思考型	何事も客観的事実に即して考える人で，他人には不寛容，冷たいところがある	事実よりも主観を重視する人で，頑固で強情，自分以外のことには無関心，拒絶的，否定的
感情型	対人関係が非常に豊かで，よく笑いよくしゃべる	もの静かで近寄りがたい人で，感受性が強いが対人的には不可解なところがある
感覚型	さまざまな感覚的な快感を楽しむ，享楽的	外的な刺激を自分の主観によって変容させ，それを独自の表現力で表出している
直観型	ひらめきによって行動する人で，可能性を追求し，多方面に発展していく	ひらめきによって行動する点では外向的直観型と同じだが，こちらは非現実。神秘的な夢想家，予言者，芸術家などに多く見られる型

クレッチマーの類型論 (Kretschmer, 1955：相場, 1960)

体格	気質	性格
細身型	分裂気質	内気，繊細，非社交的
肥満型	躁うつ気質	陽気，同調性，高揚と沈滞が交互に起こる
闘士型	粘着気質	几帳面，粘り強い，融通が利かない

4. 特性論

　個々の人に一貫して出現する行動傾向やそのまとまりを特性といいます。**特性論**は，その特性を性格構成の一つの単位と見なし，各特性の組合せによって個人の性格が構成されるという立場をとる理論です。性格特性論の長所は個人内の比較や個人差の比較が可能になるというところで，短所は直感的な全体像は類型論よりも把握しにくいところです。類型論がドイツを中心として発展したのに対し，特性論はイギリスおよびアメリカで発展しました。

　オールポートとオドバート（Allport,G.W. & Odbert,H.S.）による性格の特性語研究から始まった性格特性論の研究は，因子分析という統計的手法の導入により発展していきました。性格特性論の代表的なものとして，**ゴールドバーグ（Goldberg, L.R.）のビッグファイブ理論**があげられます。人間の性格は，5つの因子（特性）から構成されていると考えるのが特徴で，特性論の中で現在もっとも支持されている理論です。現在も世界中で，より簡便で信頼性，妥当性の高い尺度を求めて開発が続けられています。

　小塩らは，ビッグファイブの5つの因子を各2項目で測定する尺度「日本語版 Ten Item Personality Inventory（TIPI-J）」を開発しました（表）。

ビッグファイブの5つの特性 (小塩ら，2012)

特性	項目
神経症傾向	1 心配性で，うろたえやすいと思う 2 冷静で，気分が安定していると思う（＊逆転項目）
外向性	1 活発で，外向的だと思う 2 ひかえめで，おとなしいと思う（＊）
開放性	1 新しいことが好きで，変わった考えをもつと思う 2 発想力に欠けた，平凡な人間だと思う（＊）
協調性	1 他人に不満をもち，もめごとを起こしやすいと思う（＊） 2 人に気をつかう，やさしい人間だと思う
勤勉性	1 しっかりしていて，自分に厳しいと思う 2 だらしなく，うっかりしていると思う（＊）

第7章　性格

5. 性格の形成

子どもの性格形成において，家庭内の環境は大きな影響を与えます。

サイモンズ（Symonds,P.M.）は，親子関係のあり方と子どもの性格形成について調査を行い，親の養育態度を「支配―服従」「受容―拒否」の2軸で捉え，4つ（過保護型，残忍型，無視型，甘やかし型）に類型し，子どもの性格形成と関連があるとしました。そしてよい親の養育態度は支配や服従，受容，拒否といったいずれかに偏るのではなく，それぞれがほどよくバランスが取れているのが理想的だとしています（**図**）。

また，兄弟姉妹という家族内の誕生順位も性格形成に影響しているといわれます。子どもが親の愛情を受けて成長していくうえで，兄弟の出現は子どもにとって非常に大きな環境の変化となります。そのため，誕生順位は性格形成に影響していると考えられます。ただし，性格の形成についてはこれら以外にもさまざまな要因が絡んでいると考えられています（**表**）。

親の養育態度と4つの類型

	支配	
残忍型 逃避的，神経質的性格に。		**過保護型** 依存的，幼児的性格に。
拒否		受容
無視型 攻撃的，情緒不安定的性格に。		**甘やかし型** 反抗的，自己中心的性格に。
	服従	

誕生順位による性格傾向

誕生順位等	説明	性格傾向
第一子	親の愛情を一身に受けて育ちますが，下の子が生まれたとたん親からの愛情を奪われたと感じます。そこで親の愛情を取り戻すためにがんばる傾向があります。	まじめ，頼りがいがある，きまりを守る，リーダー的，完璧主義
第二子	第一子が自分よりいろいろな面で優れているため，競争しようとする意識が芽生えます。親からの愛情を得るために第一子と異なるものを選ぶ傾向があります。	競争意識が強い，劣等感をもつ，第一子と異なる性格，創造的
中間子	生まれたときには第一子がおり，また下の子も生まれるため，親の愛情を十分に受けた経験が少ないです。また，年上年下に対する対応に慣れています。	仲介や人助けが得意，不公平感に敏感，柔軟性がある
末っ子	親やきょうだいから可愛がられて育ちます。上のきょうだいと比較し，自己の未熟さを感じやすいですが，自分に自信をもつと意欲的に取り組みます。	マイペース，他者に期待する，一人の時間を大切にする
一人っ子	親の愛情を一身に受けて甘やかされて育ちます。他者と競ったり，分かち合うという経験が少ないです。また，大人とのかかわりはよく心得ています。	自己中心的，独立心をもつ，注目されたいと思う，分け合うことが苦手

6. 性格の診断

人の性格にはいろいろな側面があります。性格に関するさまざまな面を把握するために行われる検査として性格検査があります。

性格検査は，**質問紙法**，**作業検査法**，**投影法**の3つに分類されます（**表**）。質問紙法は，性格や行動に関する質問項目に答えることで性格を把握しようとします。作業検査法は一定の作業を行わせて，その結果からその人の性格を捉えようとします。投影法は，比較的あいまいな刺激を用いて課題をこなすことで無意識の側面を把握しようとするものです。

これらの検査には類似したものもありますが，把握できる性格の側面やレベルが異なるため，目的に合った検査を実施する必要があります。実際には多面的な情報を集めるために，数種類の検査を組み合わせるテスト・バッテリーが用いられることもあります。なお，性格検査結果は，環境や状況からの影響を受けていることもありますので，その点を考慮して結果を見ていく必要があります。

代表的な性格検査

質問紙法	YG性格検査（矢田部・ギルフォード性格検査）	抑うつ性，劣等感，神経質など12の性格特性を測る120の質問項目について尋ねる検査。結果をもとにプロフィールを描き，全体的な性格特性を5類型に分けて判断する。
	MMPI（ミネソタ多面人格目録）	病的な状態を調べる10の臨床尺度と被験者の回答が歪曲されていないかを調べる4つの妥当性尺度で構成される。ハザウェイとマッキンレイによって作成された。
	MPI（モーズレイ性格検査）	神経症傾向と外向性一内向性を測定する検査で，日本版は，虚偽尺度などを含む80項目で構成される。アイゼンクのパーソナリティ理論にもとづいて開発された。
	EPPS	社会的望ましさをもつ文章項目が対になって提示され，どちらかを選択する。マレーの社会的欲求をもとに選ばれた15の欲求を測定する検査で，エドワーズが開発した。
作業検査法	内田・クレペリン検査	隣り合った数字を足し，その間に答えの1の位の数字を書き込む作業を15分，2回行う。1分ごとの作業量曲線から，性格や精神機能を推定する。
投影法	TAT（主題統覚検査）	人物を含む絵を提示して，その絵に関する物語をつくらせ，分析することで性格特性を把握しようとする検査。欲求—圧力理論にもとづいてマレーとモーガンによって作成された。
	P-Fスタディ（絵画欲求不満テスト）	2人の人物が描かれた24枚の絵で構成。フラストレーションを生じさせる発言に対して，どう返答するかをみる。ローゼンツヴァイクの欲求不満耐性理論にもとづいて開発された。
	バウムテスト	「実のなる一本の木を書いて」という指示を出して，自由に樹木画を描いてもらい，その絵の特徴や描き進め方などから性格を把握しようとするもの。コッホが考案。

7. 適応（防衛機制）

　私たち人間は，人それぞれにさまざまな欲求をもっています。しかし，その欲求が強ければ強いほど，それが叶えられない状況にいるとき，強いストレスを感じます。そこで不安の軽減や情緒の安定を図るために無意識的にそのストレスを回避し，適応を図ろうとすることがあります。このような無意識的に行われる心理的メカニズムを**防衛機制**と呼びます。

　この防衛機制はフロイトの欲動機制の研究から考えられたものであり，その後，さまざまな研究者によって整理されました（**表**）。例えば，フロイトが最初に記述した防衛機制である**抑圧**とは，不快な体験や望ましくない衝動を意識に上がらないように抑え込もうとする働きであり，そのような防衛機制を取ることで心理的な安定を図ろうとします。現在，この防衛機制は多様なものがあげられており，健康的なものもあれば，そうでないものもあります。

主要な防衛機制

抑圧	不快な体験や，望ましくない衝動を意識に上がらせないように抑え込もうとする心理機制。 例：「あの人のことはまったく気にしていない」と思う。
同一視	尊敬する人物や理想の自分を無意識的に取り入れ，その人と自分を同一視する心理機制。 例：好きなモデルと同じようにふるまう。
投影	自分がもっている欠点や社会的に望ましくない感情を，他人がもっていると考えること。 例：相手が自分を嫌っているから自分も相手を嫌う。
退行	成熟の初期の水準に，人格や行動傾向が逆戻りすること。 例：きょうだいが生まれて注目されなくなったため，赤ちゃんのようなふるまいをする。
逃避	抵抗困難な状態を回避したり拒否したりすることで，自己を守ろうとする心理機制。 例：嫌なことを忘れるために映画の世界に没頭する。
置きかえ	ある特定の対象に向けられた無意識的な欲求や衝動を，別の対象に向けること。 例：友人を攻撃するかわりにペットをいじめる。
昇華	社会的に承認されにくい欲求を，社会的，文化的に評価される別の対象に向けること。 例：他者に対する攻撃性をスポーツで解消する。
合理化	もっともらしい理屈をつけて，自分の行動や失敗を正当化しようとすること。 例：手の届かないブドウは酸っぱいブドウだと思う。
反動形成	社会的に承認されていなかったり，見られたくない衝動を抑圧し，それとは正反対の態度や行動をとること。例：嫌いな人に対して親切にふるまう。
補償	自分の劣等感や弱点を他の面で人より優れることで補おうとすること。 例：勉強が駄目でも運動で優れていると思い込む。

Tips パーソナリティ障害

　パーソナリティとは，その人の物事の捉え方や思考，行動パターンを意味し，一時的なものではなく，生涯を通じて持続的に存在しているものだと考えられます。人によって多少の偏りや歪みが見られ，「その人らしさ」や「個性」を形成しています。

　しかし，その偏りや歪みが大きく，社会規範や一般常識からかけ離れていて，本人が社会生活を送るうえで支障をきたしたり，周囲に迷惑をかけたりする場合があります。パーソナリティが社会生活において大きな障害となっている場合，**パーソナリティ障害（パーソナリティディスオーダー，人格障害）**とみなされることがあります。

　パーソナリティ障害について，当事者のパーソナリティが問題だとか，病的な性格のもち主だと捉えるような理解は適切ではありません。パーソナリティ障害を抱えている人の場合，他者やストレスに対する見方やかかわり方において，自分のやり方を変えることができず，同じ反応パターンを繰り返すため，不適応が生じてしまっています。つまり，パーソナリティ機能が減損され，柔軟に対応できなくなっているため，不適応を起こしているのです。

　一般的にこの障害は，青年期ころから見られるようになりますが，個性としてみなされることも多いため，本人にも周囲にも自覚されにくく，理解されにくい障害だとされています。また，この障害を抱える人は，生きづらさを感じていたり，人間関係で問題を抱えていたりすることが多く，うつや不安，薬物依存など，他の精神疾患などを引き起こしやすいといわれています。

　パーソナリティ障害の原因は十分に明らかになっていません。治療は，明確な治療目標を設定し，患者と治療スタッフが比較的長期にわたって協力して取り組む必要があります。しかし，一部のパーソナリティ障害の場合，生理的・環境的な影響によって年とともに目立たなくなったり軽減したりする場合もあるといわれています。

　パーソナリティ障害は，症状の類似性にもとづいて大きく「奇妙で風変わりなタイプ」「演技的，感情的，移り気なタイプ」「不安や恐怖を感じやすいタイプ」の3つの群に分けられます（次ページの**表**参照）。

パーソナリティ障害（P.D.）のタイプと概略

クラスター	タイプ	説　明
A群 奇妙で風変わりなタイプ	妄想性 P.D.	他人に対する不信感と猜疑心が強いことが特徴です。そのため，危害が加えられることや裏切りを恐れます。また，警戒心が強いため，他者との関係を築くことが困難です。
	統合失調質 （シゾイド） P.D.	一人でいることを好み，対人関係で感情を表さないのが特徴です。他者への関心が乏しいため，冷淡な印象を与えることがあります。
	統合失調型 P.D.	常識から逸脱した言動を取ることが特徴です。また，親密な関係を築く能力が不足していたり，苦手としているため，非社会的で，精神的に孤立することがあります。
B群 演技的，感情的，移り気なタイプ	反社会性 P.D.	他人の権利や感情を無視し，侵害することが特徴です。罪悪感を感じることが少ないため，規範を破ったり，向こうみずな行動を取ることがあります。
	境界性 P.D.	自己像や対人関係，感情が不安定で，衝動をうまく制御することができないのが特徴です。見捨てられることに対して強い不安をもち，それを避けるため懸命の努力をします。
	演技性 P.D.	感情の混乱が激しく，演技的な反応や派手な外見などにより人の注意を引こうとするのが特徴です。ストレスに対して脆弱で，他者を巻き込むことがあります。
	自己愛性 P.D.	周囲の人々を軽視する傾向がある一方，自己の誇大感をもち，他者からの注目や賞賛を求めるのが特徴です。自己評価に強くこだわり，共感の欠如を示すことがあります。
C群 不安や恐怖を感じやすいタイプ	回避型 P.D.	失敗することや他者からの拒絶を恐れたり，強い刺激を感じる状況を避けたりするのが特徴です。親密さを望みながら，批判・拒絶を極度に恐れる傾向があります。
	依存型 P.D.	他者に対する過度な依存が特徴で，他者からの助言や指示を求めるなど従属的です。また，孤独に耐えられないため，分離に対して強く不安を感じることがあります。
	強迫型 P.D.	過度に几帳面で，完璧を求めるのが特徴です。一定の秩序を保つことへの固執がみられたり，融通性に欠けることもあります。また，他者に対して支配的になるときもあります。

事例：境界性パーソナリティ障害を抱える高校生

　高校生のＡ子は明るい性格で，演劇部で意欲的に活動していた。しかし，2年生の秋ごろから痩せ始め，体調不良を訴えて欠席が目立ってきた。Ａ子のことを心配に思った部活動の顧問が，何度か声をかけてから，Ａ子は顧問の教員のところに頻繁に相談に来るようになった。

　Ａ子の相談内容は部活動以外にも家庭のことなど多岐にわたり，顧問の教員をとても頼りにしている様子であった。しかし，相談回数や相談時間が増え始め，いろいろな要求も見られるようになったため，顧問は相談回数を減らしたいとＡ子に伝えた。

　次の日，Ａ子はリストカットし，その傷を顧問に見せ，自分が抱えている苦しさを訴えた。慌てた顧問は養護教諭に相談し，傷の手当てを行うとともに両親に連絡した。その後もＡ子は顧問の教員のところに相談に来るが，ときに教員に対して暴言を吐くようになり，顧問の教員はＡ子に対してどのようにかかわればいいのかわからなくなり，Ａ子と会うのが苦痛になってきた。

〈解説〉

　Ａ子のように教員（援助者）に対して，極度に依存する一方，自分の思いが受け入れてもらえないと感じると，衝動的な行動を取ったり，手のひらを返したように攻撃したりするのは，見捨てられるのではないかという不安が高まったためだと考えられます。このように相手に対する過度の理想化と同じ人物に対する暴言などのこき下ろしは境界性パーソナリティ障害ではよく見られます。

　境界性パーソナリティ障害を抱える人は，相手の些細なふるまいに対して過剰に反応して不安に陥り，その不安から逃れるために，過食や自殺未遂，自傷行為などの問題が見られることもあります。そのため周りの人はその行為に振り回され，どう対応したらいいのかわからなくなることがあります。しかし，そのような行為に対して一歩引いた位置で冷静に構え，常に同じスタンスでつき合うことが大切になります。Ａ子のような場合，生死にかかわることもあるので，保護者と連携するとともに医療機関とつながり，精神科医の助言のもとに冷静に対応していく必要があります。

| Column | 好かれる子どもと嫌われがちになる子ども |

(1) 教室で嫌われがちになる子ども

教室の中で孤立しがちな子には，下記のような共通点があげられています。

① 清潔感に欠け，自己の外見性に無関心である。
②「自分は嫌われているに決まっている」などのネガティブな自己像のもち主。
③ 人づき合いが苦手で，無口で冗談を言ったりふざけたりすることができない。
④ 自己愛傾向（ナルシシズム）が高く見られる。自分のことしか話をしない，相手の話を聞かない。

つまり，人づき合いが苦手なことや，他者からどう見られるか気にしないことでクラスメイトから敬遠され，孤立することがあります。

(2) 教室で好かれる子ども

友人の輪の中にいつもいるような子どもには，以下のような共通点があげられています。

① だれとでも陽気に話ができる。
② ユニークな発想力に富み，話が面白い。
③ 何にでも興味をもてる。
④ 我慢する力があり，地道に努力ができる。
⑤ 人の先頭に立って物事を進めていけるバイタリティをもっている。
⑥ 優しい性格で，人の気持ちを思いやれる。
⑦ 素直な性格で人なつこく，柔軟性がある。

性格を見ると，「外向性」「調和性」が高く，多くの人と関係性をつくることができそうです。また，「開放性」「情緒安定性」も高いため，どんな状況もポジティブに捉え，ほどよい関係性が継続できます。そして，「誠実性」が高く，物事に向かう姿勢が周りから評価され，頼りになる存在と認知されています。

ユングの性格類型では，外向的であり周囲の物事によく目を向けているような子どもほど，周りとうまくつき合っていける子どもといえるのではないでしょうか。

[第Ⅱ部　発達の心理とは]
第8章
欲　求

　古代ギリシャの哲学者アリストテレスは,「我々の性格は,我々の行動の結果なり」「人間は,目標を追い求める動物である」と述べています。つまり,人の性格特性は,周りから見て取れる形態から捉えることもできますが,その人の行動を引き起こす欲求や動機のあり方から捉えることもできるのです。
　本章では,このような子どもたちの性格に関連する心理特性について考えてみましょう。

1. 欲求と動機づけ

　人がある行動をする背景には，**動機づけ**があります。動機づけは，「ある目標に向けて行動を引き起こし，その行動を維持し，達成に向かわせる一連の活力」と定義されます。したがって，その人を理解する一つが，どのような動機づけをもっているかを知ることです。

　動機づけのもとになる中心的なものが**欲求**です。欲求には一次的なものと二次的なものがあります。

　一次的欲求は人が生まれつきもっているものであり，①生理的欲求（生きるために必要な欲求：食べたい・飲みたい・眠りたいなど），②種保存欲求（種の保存のために必要な欲求：性や母性の欲求），③内発的欲求（よりよく生きるために必要な欲：愛着を形成したい，好奇心，知る欲求など）の3つの下位欲求があります。

　二次的欲求は経験や学習によって後天的に獲得されるもので，達成，親和，承認，自己実現などの下位欲求があります。

　欲求は漠然としたものです。欲求が，「〜を」（目標や対象）と「したい」（動機づけ）という形になったとき，具体的な行動につながっていくのです。これは次のように説明できます。

　欲求が生起すると不快な緊張状態（動因）が発生します。不快な緊張状態はつらいので，人は動因を低減させるような行動の目標や対象（誘因）を探します。

　動因と誘因が結びついて特定の行動が生起し，欲求が満たされると，その時点で特定の行動は止みます。ただし，その動因によって生まれた満足な状態は報酬となり，同じような動因が生起した場合には，その特定の行動は繰り返されやすくなっています。これが，**ハル**（Hull,C.L.）が提唱した動因低減説です。

　ハルの**動因低減説**をもとに考えると，子どもを建設的な学習行動を導くためには，動因と誘因との結びつきが求められます。つまり，子ども自身の内発的な学習意欲（動因）を喚起する（わからないことを知りたいなど）ことと，興味ある学習内容（誘因）を用意すること，この両方がそろう必要があるのです。

2. 欲求階層説

　マズロー（Maslow,A.H.）は，人間性心理学の立場から欲求階層説を提唱しました。その説は，人間の欲求は階層化されており，低次欲求が満たされると，より高次欲求が現れるというもので，図のように5段階の階層に分かれていることを提起しました。

　最も下の層の欲求が「生理的欲求」です。生きていくために必要な食物や睡眠などを得たい，性的欲求を満たしたいといった基本的欲求です。次は，「安全の欲求」です。身体的にも心理的にも危険を避けて安全を得たい，仕事の保障と安全を得たい，という欲求です。その次は，「所属と愛の欲求」です。集団に所属しその一員として認められたい，愛情や友情を得たいという欲求です。さらにその次は，「承認の欲求」です。社会的地位を得たい，承認や評価を他者から得たい，誇りや自信，独立などの自尊心を得たい，という欲求です。

　最後の最も上位の欲求は，「自己実現の欲求」です。自己実現の欲求とは，自分の可能性を最大限に発揮したいという欲求です。マズローは人間の最高の目標は**自己実現**にあるとし，個人が自分のよさを最大限に発揮して生きることの重要性を説いたのです。

　「生理的欲求」「安全の欲求」「所属と愛の欲求」「承認の欲求」は，欲しい物事が欠如するためにそれを求めようとする動機づけが働くことから**欠乏動機**と呼ばれます。それに対して，「自己実現の欲求」は欲求が満たされるほどさらに欲求が高まり求めようとするため，**成長動機**と呼ばれます。

マズローの欲求階層説
(Maslow,1970：小口，1987より作成)

第8章　欲求

3. 達成動機

　成功や失敗といった結果や評価が生じるような状況で，できるだけ高いレベルで物事をやり遂げたい，目標を達成したいという動機づけを**達成動機**といいます。いわゆる「やる気」と呼ばれるものです。

　達成動機は，まず**マレー（Murray,H.A.）**によって，人間の行動を動機づける20の基本的欲求リストが作成され，その中にあげられています。そして，**マックレランド（McClelland,D.C.）**も，人間がもつ3つの重要な社会的動機の1つとしてあげています。

　アトキンソン（Atkinson,J.W.）は，達成動機づけの強さは，達成への接近傾向と失敗回避傾向の2つの変数の大きさによって決定されるとして，以下の式を提唱しました。

<達成傾向の強さを導く公式 (Atkinson, 1964) >

$$TA = (MS - MAF) \times P \times (1 - P)$$
　TA：達成傾向の強さ　　MS：成功への動機　　MAF：失敗回避動機
　P：成功の主観的確率

　上記の公式からは，達成傾向の強さ（TA）が大きくなるには，次の2点が必要です。

①MS－MAFの値を大きくする：成功への動機が失敗回避動機よりも大きい
②P×（1－P）の値を最大にする（P=0.5にする）：主観的成功確率が50%のとき

　①②は次のことを示しています。達成動機の強い人は，失敗を恐れずに成功を求め，自分の能力に適した五分五分の課題を求めます。他方，達成動機の弱い人は，失敗を回避しようとする意識が強くなり，確実に成功する課題かほとんど成功の見込みのない課題（多くの人が失敗するので自分が失敗しても恥ずかしくないから）を選ぶ傾向があります。

　達成動機は，2つの下位動機に分けられます。「世の中に出て成功したい・他人と競争して勝つと嬉しい」などの競争的達成動機と，「人に勝つことよりも，自分なりに一生懸命がんばることが大事である」などの自己充実的達成動機です。

4. ローカス・オブ・コントロール

　人は過去の行動の結果の経験によって，新たな行動がうまくいくかどうかについて異なった期待をもつものです。人がある行動をするかどうかは，そのように形成された期待が動機づけと関連して影響を与えます。

　過去に自分の行動によって望ましい結果を多く経験していると，行動によってもたらされる結果に肯定的になり，自分の行動に対して肯定的な期待をもつようになり，その後，行動をする主体が自分の内にあるとみなすようになります。これが**内的統制型**です。内的統制型の人は，自分の行動と望ましい結果とは関係性が強いと考えるようになります。

　逆に，自分の行動に望ましい結果が伴わず，自分以外の外的要因や運などによって結果が規定される経験をしていれば，自分の行動が有効であるという期待ももてなくなり，その後，行動をする主体が自分以外の外部にあるとみなすようになります。これが**外的統制型**です。外的統制型の人は，自分の行動と望ましい結果とは関係性が弱い，と考えるようになります。

　動機づけの視点で見ると，内的統制型の人は自分の行動が望ましい結果をもたらすと信じているので，自分から行動をしようという動機づけは高いのです。他方，外的統制型の人は自分の行動が結果と結びつかないと感じており，自分から進んで行動しても意味がないと感じているので，動機づけは低いのです。

　内的統制型，外的統制型は個人によって比較的安定した性格のようなものと捉えられています。**ロッター**（Rotter, J.B.）は，行動の結果に対する期待の個人差は，行動の主体が自らの内にあるとみなしているか，自分以外の外部にあるとみなしているか，によると考えました。これが**ローカス・オブ・コントロール**です。ローカス・オブ・コントロールが内的か外的かは，動機づけの強さを示す指標ともなるのです。

　外的統制型の特徴は，**学習性無力感**と関連があることも指摘されています。自分の行動が結果に対して何の影響も与えない状態におかれた人は，「どうせやっても仕方がない」と動機づけが低下し，無気力状態に陥ります。学習性無力感とは，無気力状態が学習されるものであることを示しています。

5. 原因帰属

　同じような経験をしても，人によって**ローカス・オブ・コントロール**が内的になるか外的になるかは一定ではありません。そのメカニズムの考え方の一つが，**原因帰属**です。原因帰属とは，行動した結果の成功・失敗の原因を何かに求める（帰属する）ことです。原因帰属は動機づけに影響を与えます。例えば，期末テストでよい成績を取ったとき，その原因を何に求めるのかによって，その後の行動は違ってきます。①日々の勉強を継続的にしていたからだと努力に帰属すると，次のテストも努力すればよい成績を取れると考え，さらに継続して努力するようになります。逆に，②たまたま知っていた問題が出題されたからできたのだと運に帰属すれば，運次第で成績は変わると思うので，努力しようとは思わないでしょう。

　ワイナー（Weiner, B.）は，統制の位置，安定性，統制可能性の3つの次元から構成された原因帰属理論を提唱しました（**表**）。統制の位置とは，もたらされた結果の原因が自分の内部にあるのか，外部にあるのかを示す次元です。ローカス・オブ・コントロールと近似しています。安定性とは，その原因が常に安定して存在するものなのか，変化しやすいものなのかを示す次元です。安定したものとは，①日々の継続した努力などで，変化しやすいものとは，②テスト直前の一夜漬け勉強などです。統制可能性とは，文字どおり自分が物理的に統制可能な要因であるかどうかです。上記の例は，①は，統制の位置は内的，安定性は安定，統制可能性は可能，と帰属しています。②は，統制の位置は外的，安定性は不安定，統制可能性は不可能と帰属し，自分ではどうしようもないと無力感が喚起され，努力しなくなります。

ワイナーの原因帰属理論 (Weiner, 1979：北尾ら, 1999)

	内的		外的	
	安定	不安定	安定	不安定
統制不可能	能力	気分	課題の困難度	運
統制可能	日ごろの努力	直前の努力	教員の偏見	他人からの普通でない援助

6. 自己効力感

　動機づけの低い人の特徴として,「やればできるけれど,いまはやらない」と先延ばしして,結局やらないことがあります。自分の行動はよい結果に関係があるという期待はもっているのですが,それが行動に結びつかないのです。

　バンデューラ(Bandura,A.) は,行動の先行要因として予期機能に注目し,行動がよい結果をもたらす期待と,実際にその人が行動を起こすこととは別だと考え,**結果期待**と**効力期待**に整理して考えました(図)。結果期待とは,特定の行動がある結果をもたらすだろうという期待です。効力期待は,その結果を得るための行動をできるかどうかについての期待です。そして,動機づけにとって必要なのは,効力期待であることを指摘しました。「自分にもできる」という知覚された効力期待は,**自己効力感**と呼ばれます。自己効力感は,「どうせやっても仕方がない」という**学習性無力感**と正反対の概念です。

　バンデューラは,自己効力感が形成される要因として,次の4点をあげました。①自分で実際にやり遂げられたという経験,②他者がやり遂げたという代理的経験(他者の達成行動を観察学習すること),③言葉による説得(自分の達成可能性について他者から肯定的に励まされること),④生理的・情動的な状態(心身が不安やストレスにさらされていないこと),の4点です。特に,①が最も強力な形成要因とされ,過去に類似した課題に取り組んで実際に成功した経験をもつことが重要なのです。

バンデューラの結果期待と効力期待 (Bandura, 1977：上淵, 2012)

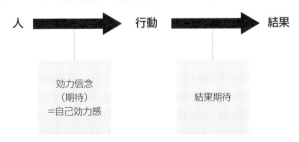

7. 親和動機

マレー（Murray,H.A.）は，人間の行動を動機づける20の基本的欲求リストを作成しました。このリストの中で現在でも注目される度合いが高いのが，達成動機と**親和動機**です。**マックレランド（McClelland,D.C.）**も，人間がもつ3つの重要な社会的動機として，達成動機と権力動機とともに親和動機をあげています。

親和動機は，他者との友好関係を形成し，維持したいという動機です。また，自分に好意的な人に対しては一緒にいたい，友好的な関係を維持したいという動機と定義されます。**ヒル（Hill,C.A.）**は，親和動機は単一の目的によるものではなく，いくつかの異なる目的から生まれるものであると指摘し，多様な先行研究の概観から「情緒的支持」「注目」「社会的比較」「ポジティブな刺激」という4つの下位動機があることを整理しました。以下に親和動機の4つの下位動機の説明と，その動機にもとづく対人関係の取り方を示します。

＜親和動機と対人関係の取り方＞

①情緒的支持：情緒的なサポートを求める欲求

　不安をなくしたい，依存したい，安心感がほしい，情緒的絆を求める心性にもとづく

　➡依存できる相手，不安のペアリング（常に2人一緒で離れない）を求める

②注目：共感を求める欲求

　自分の存在意義を確認する，仲間との一体感(共通点や類似点，仲がいいことを確認する行動や態度)を求める心性にもとづく

　➡一緒に活動する仲間集団を求める

③社会的比較：社会的比較を求める欲求

　自分の行動の適切さや人のふるまい方を確認したいという心性にもとづく

　➡自分の行動や立ちふるまいを比較検討できる対象を求める

④ポジティブな刺激：刺激を求める欲求

　自分の生き方や価値観に新たな情報や刺激を得たいという心性にもとづく

　➡自分を成長させるような価値観や世界観をもつ人とのかかわりを求める

Tips 葛藤・コンフリクト

　同時に複数の欲求（要求）があり，それらが同じ強度をもって矛盾した内容を示すとき，私たちはどのように解消したらよいか迷います。この葛藤した状態を，**コンフリクト（conflict）** といいます。どちらも必要だと思われる対立した選択肢を選ぶことができずにいる状態です。

　アメリカの心理学者である**レヴィン（Lewin.K.）**は，コンフリクトの状態を3つに分類しました。

(1) 接近-接近コンフリクト（Approach-Approach Conflict）

　どちらの選択肢も自分にとって好ましく，欲するものであるが，同時には手に入れられないときに起こります。例えば，学級で係決めをする際に，子どもがいままでやってきた係を継続して選択するか，やったことのないやりがいのある係を選択するか，などです。

　どちらを選ぶかは，本人の特性（楽観-悲観傾向など）が関与している場合があります。

(2) 回避-回避コンフリクト（Avoidance-Avoidance Conflict）

　どちらの選択肢も自分にとって好ましくなく，避けたいことだが，どちらか一方は必ず選ばなければいけないときに起こります。例えば，好ましくない行動をした際に，正直にしたことを話すか，ばれないように嘘をつき続けるか，といったことです。

　選択すること自体に否定的であるため，逃避行動が取られることがあります。

(3) 接近-回避コンフリクト（Approach-Avoidance Conflict）

　好ましい選択肢を選ぶと，結果，好ましくない選択肢も同時についてくるときに起こります。例えば，好きな部活を選択したいけれど，嫌な先輩がいるので選択するのを悩んでいる，といったことです。

　コンフリクトな状態は，個人内だけでなく対人関係でも生まれることがあります。そして，葛藤状態が長く続くと心的ストレスが高まり，不安状態に陥ります。より重要なのは，コンフリクトな状態を悲観することではなく，どのように折り合いをつけて解消するかを，重視すべきであるということです。

Tips 被援助志向性

被援助志向性とは、「援助者に援助を求めるかどうかについての認知的枠組み」で援助要請意図などを含む概念です。また援助要請意図とは、「どの程度援助要請をしようと思うのか」という行動の意図といわれています（水野ら，2017）。

この援助要請意図と原因帰属理論に関する研究があります。大学生の学生相談において「私がこのようになったのは，私自身に原因がある」という内的な帰属が援助要請意図を阻害すると指摘しています。不調の原因を自分の性格や能力のせいだと考えると，援助要請を行うことは自身のいたらなさを認めることを意味すると考えられます（水野ら，2017）。冷やかしやからかいの問題で，それらの原因は自分自身にあると考えると，援助要請をためらうということにつながります。

ただし，むやみに援助要請を行うようになればよいというものでもないでしょう。永井（2013）は，**表**のように援助要請を援助要請自立型，援助要請過剰型，援助要請回避型の３つのタイプを指摘しており，その中の援助要請自立型は自己効力感との関連があることを見出しています。このことから，援助要請の中でも，自立的な援助要請を行うよう支援するとよいでしょう。具体的には，困難を抱えても自身での問題解決を試み，どうしても解決が困難な場合に援助要請ができるよう支援していく必要があると考えられます。援助要請者は援助要請することで自身の問題解決の手がかりをえたり，情緒的安定をもたらされたりする（竹ケ原，2014）といわれており，解決が困難な場合には，積極的に援助要請をする必要があると思われます。

援助要請の３つのタイプ（永井，2013）

援助要請のタイプ	内　容
1　援助要請自立型	困難を抱えても自身での問題解決を試み，どうしても解決が困難な場合に援助を要請する傾向
2　援助要請過剰型	問題が深刻でなく，本来なら自分自身で取り組むことが可能でも，安易に援助を要請する傾向
3　援助要請回避型	問題の程度にかかわらず，一貫して援助を要請しない傾向

Column　教育目標としての自尊感情と自己有用感

　2013（平成25）年度の内閣府委託調査「我が国と諸外国の若者の意識に関する調査」（調査対象：13〜29歳の青少年）で，日本・韓国・アメリカ・イギリス・ドイツ・フランス・スウェーデンの7ヵ国中，「私は，自分自身に満足している」という回答が，日本の若者は45.8％と，70％を超えた他国と比べてとても低い結果を示しました（**図**）。この前後から日本の子どもが国際的に見ても自己肯定感が低いことが指摘されるようになっています。

　学力や学習意欲，規範意識の低さと自己肯定感の低さは関連があることが指摘されると，学校教育で**自己肯定感・自尊感情**（ほぼ同義に扱われている）を向上させる取組みをすることが推奨されました。日本全国の教育委員会や学校でも，「自尊感情を高める教育実践」「自己肯定感を高める学校づくり―授業づくりを通して―」など，テーマを掲げて盛んに取り組まれました。

　自分には価値があり尊敬されるべき人間であると思える人は，学習行動において困難に出合っても粘り強く努力し，対人関係においても他人からの賞賛や批判にさほど左右されず感情が安定していることが指摘されています。逆に，自己肯定感（＝自尊感情）が低い人は，学習行動において困難に出合うとすぐにあきらめてしまう傾向があり，対人関係でも人間関係を避けたり，いじけたり，やけになったりする行動が出てきやすく，感情的にも不安定な傾向があるといわれています。

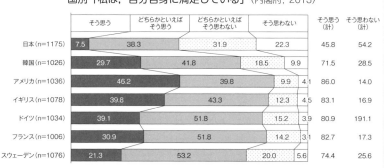

国別「私は，自分自身に満足している」（内閣府, 2013）

	そう思う	どちらかといえばそう思う	どちらかといえばそう思わない	そう思わない	そう思う（計）	そう思わない（計）
日本 (n=1175)	7.5	38.3	31.9	22.3	45.8	54.2
韓国 (n=1026)	29.7	41.8	18.5	9.9	71.5	28.5
アメリカ (n=1036)	46.2	39.8	9.9	4.1	86.0	14.0
イギリス (n=1078)	39.8	43.3	12.3	4.5	83.1	16.9
ドイツ (n=1034)	39.1	51.8	15.2	3.9	80.9	191.1
フランス (n=1006)	30.9	51.8	14.2	3.1	82.7	17.3
スウェーデン (n=1076)	21.3	53.2	20.0	5.6	74.4	25.6

つまり，自己肯定感（＝自尊感情）が高い人は，結果的に学校の成績や仕事の業績が高く，自分を大切にするだけではなく，人への思いやりをもつことができるとされています。

ただし一方で，2017年（高校は2018年）に改定された学習指導要領から，自尊感情・自己肯定感ではなく，**自己有用感**を育成すべきであることが提起され始めました。自己肯定感（＝自尊感情）は自分に対する肯定的な自己評価であるのに対して，自己有用感は，自分と他者・集団（社会）との関係を自他ともに肯定的に受け入れられることで生まれる，肯定的な自己評価です。自己有用感は他人の役に立ったなど，相手の存在なしには生まれてこないのです。

自己有用感の獲得は自己肯定感（＝自尊感情）の獲得につながりますが，自己肯定感（＝自尊感情）の高さは，必ずしも自己有用感の高さを意味しません。他者の存在を前提としない自己評価は，社会性に結びつくとは限りませんので，文部科学省は自己有用感に裏づけられた自己肯定感（＝自尊感情）の形成が大事であるという点を明確にするため，自己有用感を強調していると思われます。

アメリカ心理学の祖**ジェームズ（James, W.）**は，「self-esteem」の定義を「自尊心という概念は，人の自分自身についての評価，あるいは自分自身に対する態度を意味している」としました。ジェームズは自尊心と捉えたのです。自尊心には，プライド，うぬぼれなどの意味もあり，元々は，プラス面もマイナス面も含んだ概念だったのです。

この考え方は，ほとんどそのまま**ローゼンバーグ（Rosenberg, M.）**に受け継がれました。ローゼンバーグは，「self-esteem（自尊感情）」を「ひとつの特殊な対象，すなわち自己（the self）に対する肯定的または否定的な態度」と捉え，かなり異なった2つの側面を含んでいることを指摘しました。一つは，自分は「とてもよい（very good）」と感じる側面であり，他人に対する「自信」や「優越感」を意味します。もう一つは，自分は「これでよい（good enough）」と感じる側面であり，**自己受容**を意味します。

また，ローゼンバーグはself-esteem（自尊感情）を，「とてもよい（very good）」と感じる側面ではなく，「これでよい（good enough）」と感じる側面の重要性を指摘しました。

[第Ⅱ部 発達の心理とは]
第9章
知　能

　学力が「学習によって獲得された能力」と定義されるのに対して，知能は「目的に合うように行動し，合理的に思考し，自分の環境を効果的に処理する総合的な能力」（ウェクスラー；Wechsler, D.）と定義されています。つまり，子どもの知能は，学力の獲得の可能性を予測する面を有しているといえます。

　発達とは精神機能などの質の変化ですが，子どもの知能の発達に関する一般的な傾向を理解することで，見通しをもって，子どものタイプに合った教育が可能になります。本章では，知能について考えてみましょう。

1. 知能と構造

　知能とは何か，このことについては従来から多くの心理学者がいろいろな考え方を提起してきました。近年では，**ウェクスラー（Wechsler,D.）**の，「知能とは，目的に合うように行動し，合理的に思考し，自分の環境を効果的に処理する総合的な能力である」という定義が一般的に受け入れられています。しかし，この定義がさまざまな知能検査で測定された内容を保証しているとは限りません。

　知能研究においては，「知能検査によって測定されたものが知能である」という操作的定義（構成概念を測定できるものに操作された定義のこと。例えば，幸福感とは幸福感テストで測定されたもの，という具合）が使用されることが多いのです。

　知能は，多くの研究者によって，因子分析法を用いて知能を構成するさまざまな因子が抽出され，知能の構造が提起されています。おもな説は，次のようなものです。

⑴**スピアマン（Spearman,C.E.）の2因子説**

　知能は一般因子が基盤にあり，周辺に一般因子と一部重なりながら複数の特殊因子の，2つの因子から成り立つと考えるものです。

⑵**サーストン（Thurstone,L.L.）の多因子説**

　基本的な精神能力（1次的精神能力）として7個の因子（知覚判断の速さ，言語理解，記憶，空間，数，推理，語の流暢さ）をあげており，知能検査の多くは，このサーストンの説にもとづいて作成されています。

⑶**ヴァーノン（Vernon,P.E.）の階層群因子説**

　知能は，群因子（すべての知的能力には共通していないが，いくつかの知的能力には共通している因子）が，階層的になって形成されていると考えるものです。

⑷**ギルフォード（Guilford,J.P.）の立方体構造モデル**

　知能は，①種類（与えられた情報の種類），②操作（与えられた情報をどのように扱うか），③所産（どの水準まで結果を処理するか），の3つの次元が立方体のように組み合わさっていると考え，①×②×③の組み合わせの計120の因子を想定しています。

2. 知能の規定因

　ヘッブ（Hebb,D.O.）は，知能の発達を規定する遺伝と環境の要因として，子どもは一定の知能をもって生まれますが，それが発現するためには適切な環境が必要であることを指摘しました。

　行動遺伝学では，双子のデータをまとめたメタ分析結果にもとづき，生まれたばかりの双子の類似性は，一卵性も二卵性もほとんど変化がなく，幼児期が終わるまでの間に一卵性の類似性はだんだん大きく，二卵性の類似性はだんだん小さくなることから，遺伝の影響力が成長とともに大きくなることが指摘されています。児童期から青年期，成人期に向かっての知能の遺伝率の上昇傾向は，かなり頑健な知見であることを報告しています（**図**）。なお，共有環境とは家庭環境を，非共有環境とは学校などでの友人関係などを指します。

　また，**キャッテル**（Cattell,R.B.）は，知能は，情報処理のような新たな場面に適応する際に働く**流動性知能**と，過去の経験によって蓄積されていく**結晶性知能**に分かれることを指摘しました。結晶性知能は学校教育や文化の影響を受け，高齢になってもそのレベルは維持されますが，流動性知能は高齢になるほどそのレベルが低下することが報告されています。

児童期から成人期にかけての認知能力に及ぼす遺伝の影響の増大 (Haworth,et,al, 2010)

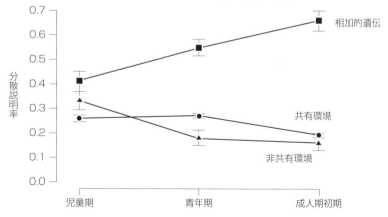

3. 知能の測定

現在でも広く活用されている個別知能検査は，ビネー系とウェクスラー系に大別されます（**図**）。

20世紀初頭，フランス教育局の依頼で，**ビネー（Binet, A.）** は，問題解決能力や推理能力を検討することで，世界で最初の知能検査（ビネー・シモン尺度）を作成しました。その目的は，通常の学校教育についていけない子どもの判別です。その後，多くの国々で，知能を**精神年齢**（知能検査によって測定された精神の発達程度を年齢で表したもの）で表し，3歳から成人までを対象とするビネー式知能検査が広まりました。

ターマン（Terman, L.M.） は，ビネー式知能検査に改良を加え，スタンフォード・ビネー式知能検査を作成しました。**シュテルン（Stern, W.）** の提唱する知能指数（IQ）を取り入れ，さらに同一年齢集団における個人の相対的位置が示される知能偏差である偏差知能指数が導入されました。

一方，**ウェクスラー（Wechsler, D.）** は，知能を言語性と動作性などに分析的・診断的に捉える検査を作成しました。4歳～7歳用（WPPSI），5歳～16歳用（WISC），16歳以上～成人用（WAIS）に分かれます。

他に，**ルリア（Luria, A. R.）** の高次精神機能における神経心理学的モデルを理論的ベースにして，**カウフマン（Kaufman, A. S.）** はK-ABCを作成しました。この検査は結晶性知能だけではなく，流動性知能も測定できるのが特徴です。以上の検査は，教育現場などで広く活用されています。

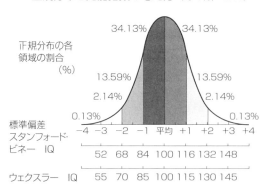

正規分布と知能指数の考え方 (野々村, 1995)

知能指数・IQ=MA/CA×100
知能偏差値・ISS=10 (X-M/SD) +50
偏差知能指数・dIQ=15 (X-M/SD) +100
注）MA：精神年齢　CA：生活年齢　X：個人の得点
　　M：同一年齢集団の平均値　SD：標準偏差

4. 創造性

　ゲッシェルズとジャクソン（Getzels,J.W. & Jackson,P.W.）は，中・高校生の創造性と知能，および学力の関連を検討しました。そして，創造性の高い子どもは知能が比較的低くても学力は高い，という現象を報告しました（**ゲッシェルズ・ジャクソン現象**）。これ以後，学力を予測する変数として，**創造性**も注目されるようになりました。

　スミス（Smith,E.E.）は創造性について，われわれの過去の経験を深く掘り下げて，これらの選択された経験を結び合わせて，新しいパターン，新しいアイデア，または新しい所産をつくりだすこと，と定義しました。

　創造性の発揮には，(1)創造的思考と，(2)創造的人格の2つの側面が必要です。独創的なアイデアがあっても，そのアイデアを現実的なものにするためには，持続性や集中力などの人格面がなければ，創造的所産を生み出すところまでいかないからです。

(1)創造的思考

　思考には，知能検査のようにあらかじめ決まっている正答に合うような解答を追求する**収束的思考**と，多くの可能な回答を追求する**拡散的思考**があります。**ギルフォード**（Guilford,J.P.）は，創造的思考のうち，拡散的思考を測定するテストを開発しました。その構成要素として，①問題に対する敏感さ（問題点を見出す），②流暢さ（速くたくさん考えられる），③独創性，④柔軟性（多くの観点で考えられる），⑤綿密性（具体的に計画的に考えられる），⑥再定義（異なった観点から考えられる），の6つをあげました。そして，ギルフォードは，知能と創造性の関係を，〈1〉高知能者は必ずしも高創造者ではない，〈2〉すべての知能階層に低創造者が存在する，〈3〉高創造者であるためには平均以上の知能指数が必要である，の3点を指摘しました。

(2)創造的人格

　トーランス（Torrance,E.P.）は，創造的な人格の特性として，①好奇心の強さ，②好みの複雑さ，③持続性，④興奮しやすさ，⑤忍耐強さ，⑥強情さ，⑦開放性，⑧攻撃性，⑨衝動性，⑩支配性，⑪独立性，をあげました。

5. 学力の測定

　学校教育現場においては，子どもの学習評価にはテスト法が広く活用されています。学習の単元ごとの確認テストや，中間・期末の定期テストは，ほとんどの学校で実施されています。

　学校で活用されているテストは，3つに大別されます。(1)教員の自作テスト，(2)教材会社など発行している教科書に準拠したテスト，(3)標準学力検査，です。

(1)教員の自作テスト

　子どもの授業を担当した教員が，その学習活動の成果を評価するためのテストです。指導と評価を一体化するためのテストとして，教員の自作テストは有効な手段です。ただし，教員の自作テストは，各教員の主観の影響を受けやすいものです。したがって，作成したテストを複数の教員で検討するなどの対応が不可欠です。

(2)教材会社などが発行している教科書に準拠したテスト

　各学校で使用している教科書の内容に準拠しているテストです。子どもの授業を担当した教員が，子どもたちの学習の定着度を確かめたり，学習活動の成果を評価するためのテストとして効率的に利用できます。

(3)標準学力検査

　信頼性と妥当性が確認され，**標準化**されているテストです。標準化とは，そのテストが測りたいものをきちんと測れるようにするため，あらかじめ実験をしてたくさんのデータを集めて良い問題だけを残すこと，またそのデータを利用して結果を解釈する基準（尺度）まで兼ね備えることができるようにするための，一連の手続きのことです。繰り返し実施しても結果の変動が少ないという性質（**信頼性**）と，測定内容が正確に測れているという性質（**妥当性**）が確認されていることは，標準検査の生命線です。

　標準学力検査の例
- ＮＲＴ（Norm Referenced Test：集団基準準拠検査）：全国の子どもとの比較で個人の学力の水準を把握することができるテストです。
- ＣＲＴ（Criterion Referenced Test：目標基準準拠検査）：その教科・学年の目標に対する到達度を把握することができるテストです。

Tips 田中ビネー知能検査

　知能検査は，知能を客観的に測定するために開発された道具であり，実施方法により個別式検査と集団式検査に分けられます。集団式検査は，一度に大人数で実施できる筆記検査です。個別式検査は，被検者と検査官が1対1で対話しながら行う検査です。

　田中ビネー知能検査は，個別式知能検査に分類されます。学校では，集団式検査で低い数値が出た場合などに，障害発見のための診断検査として用いられることがあります。

　世界最初の知能検査は，フランスの心理学者**ビネー（Binet, A.）**が精神科医**シモン（Simon, T.）**の協力を得て作成し個別式知能検査です。ビネーは，年齢ごとの子どもから得られたデータにもとづいて各年齢段階の知能水準を設定しました。

　ビネー式知能検査では，ある子どもの知能検査の結果を，各年齢段階の知能水準と比較することで，その子どもの発達水準がどの年齢段階にあるのかが推定されます。検査の結果から位置づけられた年齢を**精神年齢**(Mental Age: MA)，子どもの検査時の実年齢を**生活年齢**（Chronological Age: CA）といいます。精神年齢と生活年齢の比較により知能の評価が導き出されます。ビネー式知能検査は，IQによる全般的な知的発達を測るために概観的知能検査とも呼ばれます。

　日本で普及している**田中ビネー知能検査**は，スタンフォード・ビネー知能尺度を心理学者の**田中寛一**が改訂し，1947（昭和22）年に発刊されました。その後，何度か改訂が行われ，現在は「田中ビネー知能検査Ⅴ」が最新版で，2歳0ヵ月～成人までが適応年齢となります。

　検査内容は，言語・動作・記憶・数量・知覚などがあります。検査結果は知能指数（IQ）により示されます。ただし，ウェクスラー式知能検査のIQ値が同年齢の子どもの集団における位置を示すのに対し，田中ビネー知能検査ⅤのIQ値は発達割合の目安を示すことが特徴です。田中ビネー知能検査は「一般知能」というトータルな能力を測定する検査法といえます。

　田中ビネー知能検査は，2歳から成人までと適応年齢の幅が広く，他の個別式知能検査と比較して実施の手順が簡便で，検査対象者への精神的・時間的負担が少ないことが特徴といえます。

Tips　ウェクスラー知能検査

　アメリカの心理学者**ウェクスラー（Wechsler,D.）**によって開発された知能検査は，広く世界中で用いられています。適用年齢によって3種の検査に分けられますが，ここでは子ども用の検査であるWISC-Ⅳ（5歳0ヵ月～16歳11ヵ月）を取り上げて説明します。

　WISC-Ⅳでは，子どもの知能水準は同一年齢集団の平均値からの偏差で示されます（個人間差）。また，ある個人における知的能力ごとのばらつき（個人内差）を測定できるところに特徴があります。個人内差を測定するために，WISC-Ⅳでは15種類の検査（下位検査）が用いられ，各下位検査の得点の比較だけではなく，下位検査得点から求められる**全検査IQ**や**指標得点**を算出して評価を行います。指標得点は，言語理解・知覚推理・ワーキングメモリー・処理速度の4つがあります（**表**）。

　これらの指標得点に大きな差（ズレ）がある場合を**ディスクレパンシー**といいます。個人の認知特性は個人内差のばらつきとして検査結果に現れることが多いため，ディスクレパンシーにより本人の得意・不得意の傾向を知ることができます。WISC-Ⅳを活用することにより，知的発達には遅れが見られず，発達にはアンバランスが見られる子どもの特性を捉え，支援を検討する視点が得られます。

　例えば，「言語理解＞知覚推理」の子どもは言語能力の方が高く，言語的な説明が手がかりとなりやすいと考えられます。また，「言語理解＜知覚推理」の子どもは非言語能力の方が高く，視覚的手がかり（絵・文字）やお手本による指導が有効と考えられます。

WISC-Ⅳの指標得点（日本版 WISC-Ⅳ刊行委員会，2010を参考に作成）

指標得点名（略記号）	意　味
言語理解（VCI）	言語を用いた思考・推理能力，言語による習得知識
知覚推理（PRI）	非言語的な思考・推理能力，空間認知など
ワーキングメモリー（WMI）	聴覚的ワーキングメモリー，注意・集中の力
処理速度（PSI）	認知処理能力，視覚情報を記憶する力など

Tips K-ABC

　K-ABCは，アメリカの**カウフマン夫妻**（Kaufman, A.S. & Kaufman, N.L.）によって開発された個別式知能検査です。2004（平成16）年に改訂版のKABC-Ⅱが発行されました。KABC-Ⅱでは，2歳6ヵ月から18歳11ヵ月までの子どもの，認知能力と習得度の両方を測定することができます。この検査では，子どもの得意な力や物事の捉え方に注目しており，検査結果を教育的働きかけに直接結びつけることができます。

　検査の特徴の一つ目として，検査の中に「習得度尺度」があります。これまで日本には年齢ごとに標準化された個別の学力検査はありませんでした。そこで日本版KABC-Ⅱを標準化するにあたり，K-ABCの習得度尺度を拡大発展させた形で，習得度と学力を測定する検査が含まれました。そのため検査の量が多く実施時間が長くなるという難点があり，それぞれの尺度ごとに分割して行うこともあります。

　KABC-Ⅱの認知尺度では，WISCとは対照的に背景知識を問わないで，純粋に認知機能を測るようにつくられています。また，「継次処理」と「同時処理」を比較して，差がみられた場合は高いほうの能力を使えるような指導方法を選択します。このように子どもの認知スタイルに合わせた指導は，発達にばらつきのある発達障害の子どもたちには有効といわれています。

　認知能力と習得度の両側面のアセスメントからは，学習障害のある子どもたちに適切な支援を提供するためのヒントを見出せる可能性があります。学習障害のある子どもたちの教科学習での困難の要因が，もともとの認知能力の問題なのか，それとも特定の領域における理解や技能に対する困難なのかを判別することができる可能性があるからです。

日本版KABC-Ⅱの構成

認知尺度	継次尺度	数唱・語の配列・手の動作
	同時尺度	顔さがし・絵の統合・近道さがし・模様の構成
	学習尺度	語の学習・語の学習遅延
	計画尺度	物語の完成・パターン推理
習得尺度	語彙尺度	表現語彙・なぞなぞ・理解語彙
	読み尺度	ことばの読み・文の理解
	書き尺度	ことばの書き・文の構成
	算数尺度	計算・数的推論

Column　育成が期待される資質・能力

　変化の激しい社会で必要な生きる力は，「問題解決につながる能力」です。問題解決につながる能力は，領域を越えて機能し，活用する用途が広い，汎用性の高い**資質・能力**（コンピテンシー：competency）です。わが国では国立教育政策研究所により，「21世紀型能力」が示されています。すべての教科等に共通する資質・能力を明確に示すことで，「世の中について何を知っているか」から「世の中に対して何ができるか」へと教育のあり方を転換し，教育の内容，方法，評価の改善を促すことをめざしています（**図**）。

　ポイントは，「一人ひとりが自ら学び判断し自分の考えを持って，他者と話し合い，考えを比較吟味して統合し，よりよい解や新しい知識を創り出し，さらに次の問いを見つける力」（国立教育政策研究所，2013）としての**思考力**が中核に位置づけられています。

　思考力の外郭にある**実践力**とは，「日常生活や社会，環境の中に問題を見つけ出し，自分の知識を総動員して，自分やコミュニティ，社会にとって価値のある解を導くことができる力，さらに解を社会に発信し協調的に吟味することを通して他者や社会の重要性を感得できる力」（同上）のことです。つまり，社会で生かすことのできる思考力であることが，強く求められています。

　思考力を支えるのが，「言語，数，情報（ICT）を目的に応じて道具として使いこなすスキル」（同上）である**基礎力**です。「ICTの活用」が「生きる力」の「基礎力」となる，と明確に位置づけられている点が大事です。

21世紀型能力（国立教育政策研究所，2013）

21世紀型能力
- 実践力
  - ●自律的活動力
  - ●人間関係形成力
  - ●社会参画力
  - ●持続可能な未来づくりへの責任
- 思考力
  - ●問題解決・発見力・創造力
  - ●論理的・批判的思考力
  - ●メタ認知・適応的学習力
- 基礎力
  - ●言語スキル
  - ●数量スキル
  - ●情報スキル

【第Ⅲ部　学習の心理とは】
第10章
学習とは

　学習という言葉は日常的にも使われますが，心理学では「経験によってもたらされる比較的永続的な行動の変容」と定義されます。いろいろな経験によって，以前とは異なる行動が形成されることが学習なのです。したがって，学校の教科学習は学習の一部にすぎませんし，規律に従った行動の仕方を身につけるという生徒指導的な内容も学習なのです。

　学習のメカニズムを理解することで，期待される行動の変容をもたらす教育のあり方や支援の指針をもつことができます。本章では，子どもたちの学習について考えてみましょう。

1. 古典的条件づけ（レスポンデント条件づけ）

ロシアの生理学者**パブロフ**（Pavlov,I.P.）は，犬に餌を与えると唾液が出るという唾液反射の研究を行っていました。その中で面白い現象を発見しました。それは，犬に餌を与えると初めは餌を口に入れた後に唾液が分泌されていたのですが，次第に餌を与える前の，餌を与えるために来る実験者の足音やドアの開閉音が聞こえたときからすでに唾液が分泌されるようになったのです。

この実験をさらに改良し，犬が餌を食べる直前にベルを鳴らす実験を行いました。すると，ベルの音だけを聞かせた実験の前には唾液は分泌されませんでした。ベルの音と餌を対にして提示した実験後には，犬は餌がなくても，つまりベルの音を聞いただけで唾液を分泌するようになりました。**図**は犬の唾液を測定するための実験装置の例です。

この実験を専門的な用語で解説すると，犬に与えた餌を**無条件刺激**といい，餌により唾液が分泌することを**無条件反応**といいます。もともとは唾液分泌を誘発しないベルの音は**中性刺激**といいますが，餌がベルの音と同時に提示されることで，ベルの音は唾液を誘発する**条件刺激**となります。そして，これにより唾液の分泌が引き起こされることを**条件反応**といいます。このような現象を**古典的条件づけ**，あるいは**レスポンデント条件づけ**といいます。

ただし，一度条件づけされたものも，餌（無条件刺激）を与えずにベルの音（条件刺激）だけを繰り返すと唾液反射（条件反応）が徐々に起こらなくなります。これを「消去」といいます。

また，いったん条件づけが成立すると，ベルの音（条件刺激）に似た別の刺激が単独で提示されるだけでも，条件反応が生じるようになることがあります。これを「般化」といいます。

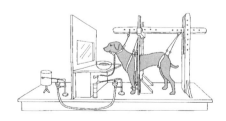

パブロフの実験 (Pavlov, 1927)

2．道具的条件づけ（オペラント条件づけ）

　人間も動物もさまざまな自発的行動を行い，その行動がもたらす結果の影響を受け，次の行動を変化させます。アメリカの心理学者**ソーンダイク（Thorndike, E.L.）** は，箱の中にレバーがあり，それを踏むと出口が開いて外に出られるような仕組みになっている問題箱（**図左**）にネコを入れて，箱の中から出てくるまでの時間を測りました。ネコは箱の中をうろうろと歩き回ります。そのうち偶然レバーを踏むことで，出口が開き外に出られます。この実験を何度も繰り返すと，ネコが箱に入れられてから外に出るまでの時間が短くなりました。つまり，ネコが試行錯誤を繰り返し，レバーを踏むことで外に出られるということを学習したのです。このような学習過程を**道具的条件づけ**，あるいは**オペラント条件づけ**といいます。

　さらにアメリカの心理学者**スキナー（Skinner, B.F.）** はレバーを押すと餌が出てくるスキナー箱（**図右**）を作成し，中にネズミを入れ，自由に行動させました。ネズミがレバーを押すたびに餌が出てくることを学習すると，レバー押しの反応率が高まりました。餌を与えて行動を**強化**するのをやめる（つまり消去する）と，反応率は低下しました。一般に強化回数が多いほど消去されにくく，消去経験が多いほど消去されやすいといわれています。

　これは人間や動物のさまざまな行動形成の原理として活用されています。特に，シェイピングという強化と消去を組み合わせた手続は，いまは行動として定着していなくても，これから形成したい行動がある場合に有効です。この方法は行動療法などにも用いられています。

ソーンダイクのネコの問題箱 (Thorndike, 1898)　　スキナー箱 (Skinner, 1938)

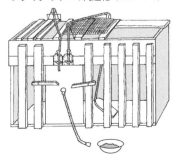
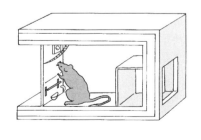

3. 記憶の二重貯蔵モデル

　記憶とは，過去の経験や将来に必要な情報を保持し，後にそれを再現して利用する機能のことです。記憶には，**記銘（符号化）→保持（貯蔵）→想起（検索）**の3段階の過程があります。記銘（符号化）とは，脳の記憶領域に情報を取り込んでいく過程のことです。保持（貯蔵）とは，記銘された情報を脳の中に維持する過程のことです。想起（検索）とは，保持された情報の中から必要な情報を取り出し，利用可能にする過程のことです。記憶は，**感覚記憶，短期記憶，長期記憶**に分けられます。**アトキンソンとシフリン（Atkinson,R.C. & Shiffrin,R.M.）**は，記憶を貯蔵庫に例え，二重（多重）**貯蔵庫モデル（図）**を提起しました。

　外界から入ってくる刺激は，人間の五感（視覚，聴覚，触覚，嗅覚，味覚）を通して感覚記憶に入ります。感覚記憶では瞬間的にすべての情報を受け取りますが，保持できる時間が1～2秒程度しかありません。その情報の中で選択的に注意が向けられた情報が短期記憶に送られます。

　短期記憶の情報は，感覚記憶よりも少し長く，15～30秒程度保持されます。短期記憶に保持できる数は，相互に無関係な情報のまとまり（チャンク）が7±2程度です。短期記憶に保持された情報はリハーサルを経て，長期記憶に移送されます。リハーサルには2種類あります。何度も繰り返し唱えるなどの維持リハーサルと，過去の経験をもとにイメージや物語を思い浮かべたり，さまざまな事柄と関連づけを行ったりする精緻化リハーサルです。このようにして無限大の容量の長期記憶に入った情報は数分から数年間，あるいは一生にわたって保持されます。

貯蔵庫モデル（Atkinson & Shiffrin,1971：出口，2017）

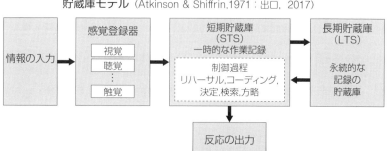

4. 短期記憶

　人はさまざまな情報を同時並行的に記憶したり，処理したりしています。例えば，「３１×８＝？」と言われたときに，「８×１＝８」「３０×８＝２４０」だから「８＋２４０＝２４８」など，最初に導いた答えを短期記憶に保持しながら，次の計算の処理を行っています。また，読書をする際に出てくる単語の意味は，長期記憶に蓄えられている情報を検索して瞬時に探し出し，理解しています。つまり，日常の中で行っている暗算，読書，会話，推理などのさまざまな認知活動においては，一時的に短期記憶に保持する機能だけでなく，情報を処理する機能も同時に行っているのです。これを**作動記憶（ワーキングメモリ）**といいます。

　バドリーとヒッチ（Baddeley,A.D. & Hitch,G.J.）は，作動記憶は数や単語のように音声や言葉に関する情報を保存し処理する「音声（音韻）ループ」と，絵や形，位置関係に関する視覚的・空間的な情報を保存し処理する「視空間スケッチパッド」があること，また両者をコントロールする「中央実行系」があることを示しました（**図**）。これらが長期記憶との情報のやり取りを行っているのです。

　ただし，作動記憶の容量には限界があります。そして，それは低年齢では顕著に少ないとされているのです。よって，授業場面では複数の課題の遂行を一度に求めないこと，一つの指示の中に複数の内容を含めないこと，言語的情報処理もしくは視覚的情報処理のどちらか一方に偏って負荷をかけ過ぎないこと，などが重要です。子どもと接する際には，その子どもの作動記憶の容量や個人差に配慮して対応することも重要なのです。

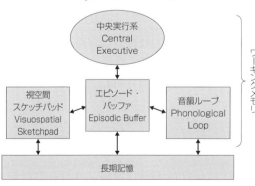

バドリーらによるワーキングメモリのモデル
(Baddeley, 2011：齋藤・三宅，2014)

5. 長期記憶

長期記憶は，**宣言的記憶**（顕在記憶・**自伝的記憶**）と**非宣言的記憶**（潜在記憶・**手続き的記憶**）に分けられます（表）。宣言的記憶とは，日々の経験やエピソードなど言葉で表せるような事実に関する記憶のことです。

さらに宣言的記憶は，**意味記憶**と**エピソード記憶**に分けることができます。意味記憶とは，「地球は太陽の周りを回っている」というようなさまざまな概念およびその使用についての知識，事実関係に関する知識などの一般的知識のことです。エピソード記憶とは，「いつ，どこで，何をした」などの自分の経験に関する情報のことで，時間的，空間的に限定された出来事に関する知識のことです。

非宣言的記憶とは，情報処理過程に関する記憶のことで，例えば泳ぎ方や自転車の乗り方など，言葉では表せないような事柄に関する記憶のことです。

また，未来に対する情報を保持する記憶として，**展望記憶**というものもあります。「10時になったら，いまのAという作業をいったんやめて，Bという作業をやろう」とか「明日の朝，役所に書類を提出してから仕事に行こう」というような，未来における意図を含む情報を保持することが展望記憶です。

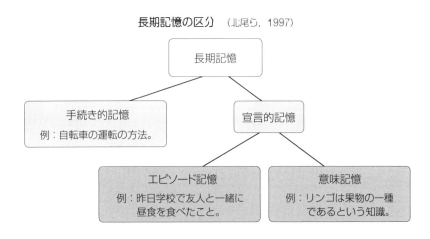

長期記憶の区分　（北尾ら，1997）

6. メタ認知

メタ認知とは,「認知(思考,記憶,知覚など)を認知する」といった,認知自体に対する知識や理解のことです。メタとは,「高次の」という意味で,自分の認知をもう一つ高いところから客観的に眺めているような認知のことです。メタ認知は,「メタ認知の知識」と「メタ認知の活動」という2つから構成されています。メタ認知の知識には,「人は復習しないと忘れてしまう」というような人間の認知特性についての知識,「計算問題は桁数が増えるほど間違いが増える」などの課題についての知識,「相手の知っていることに関連づけて説明すると伝わりやすくなる」というような方略についての知識があります。

メタ認知の活動は,メタ認知の知識にもとづいて行われるもので,「メタ認知的モニタリング」と「メタ認知的コントロール」に分類されます。メタ認知的モニタリングとは,自分の認知状態に気づくこと,メタ認知的コントロールとは,それによって目標を設定したり,修正したりすることです。例えば,勉強をするときに,「私はAについての知識は多いが,Bについての知識は少ない。だからBを重点的に勉強しよう」とか,「私はAという学習方法で勉強するとよく覚えられるが,Bという学習方法では覚えられない。効率よく勉強するためにはAでやろう」などです。

メタ認知の基礎は幼児期から形成されますが,**ピアジェ**(Piaget,J.)の指摘する具体的操作期に当たる小学校中学年ころになると,多くの子どもがメタ認知を活用するようになります。メタ認知的モニタリングとメタ認知的コントロールは循環的に働くため,メタ認知的モニタリングが不正確だと,メタ認知的コントロールが不適切なものになりがちです。学童期にメタ認知の力を高めていくことは大変重要なのです。

メタ認知を高めるためには,教科の学習場面において問題を繰り返し解かせるだけではなく,間違えた問題について「なぜ間違えたのか」「どう工夫すればよかったのか」などを考えさせることも有効です。また,子どもがグループで討議をする機会を設けたり,振り返りの機会を与えたりすることも,自分だけでは気づくことのできない認知過程に気づくきっかけとなることがあるのです。

7. 忘却

　ドイツの心理学者**エビングハウス（Ebbinghaus,H.）**は，自分を対象に記憶の実験をしました。具体的には，無意味綴り（2,300個の中からランダムに抽出した意味のない綴り）を完全に記憶し，20分後，1日後，2日後など時間や日数などの時間間隔をさまざまに変え，最大31日の期間を空けて再学習を行いました。再学習とは最初に覚えた内容をもう一度覚え直す試みです。これをエビングハウスの**保持（忘却）曲線**といいます（**図**）。

　縦軸の節約率とは，再学習時にかかった学習時間や試行数が，最初の学習時間や試行数に対してどれだけ短くなったかを示す割合です。節約率は時間とともに小さくなり，特に2日を過ぎると再学習するのにかかる時間に変化がなくなります。よって，記憶後1〜2日以内に再学習をすれば，記憶を呼び戻す労力を特に節約できるのです。またこのような研究から，1〜2日の間に約3分の2を忘れ，それ以降はゆるやかに忘却が進行するといわれています。

　それでは，忘却が起こる理由は何でしょうか。学習した後にさまざまな新しい情報が入ってくるために起こるという干渉説があります。以前に学習したことが新たに学習したことに影響して忘却を引き起こすことを順行干渉，新たに学習したことが以前の学習に影響して忘却を引き起こすことを逆行干渉と呼びます。

　またエビングハウスは，一時的に記憶の保持率が上昇する場合があることを示し，これを**レミニセンス**といいました。これは，もとの学習が十分行われていない場合や，集中的に学習が行われた場合に起こりやすいといわれています。

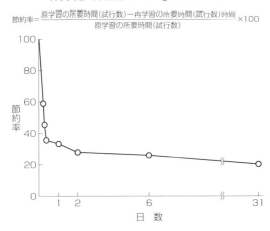

保持（忘却）曲線 (Ebbinghaus, 1885)

節約率＝$\dfrac{原学習の所要時間(試行数)－再学習の所要時間(試行数)時間}{原学習の所要時間(試行数)} \times 100$

Tips　学習障害

　学習障害（Learning Disability ; LD）とは，知能全般は正常であっても，「聞く」「話す」「読む」「書く」「計算する」「推論する」の6つの能力の1つ以上で，習得したり使用したりすることに困難がある状態を指します。

　医学的な診断基準（DSM-5）においては「限局性学習症／限局性学習障害（Specific Learning Disorder ; SLD）」と示されています。学習障害は，診断基準がDSM-4からDSM-5に改訂されたことにより，日本で利用可能な検査法における得点と臨床評価で診断ができるようになりました。

　学習障害の子どもは，知能全般が正常なことから，障害があることが一見するとわかりづらく，「怠けている」「ふざけている」などとみられてしまい，注意を受けることがあります。周りの子どもたちとの違いや自分のできなさを感じやすく，自己肯定感の低下や学習性無気力などの二次障害のリスクを抱えやすく，早期発見や適切な支援が重要です。

　学校では，子どもに学習障害の疑いをもつことがあっても，専門的に診ることができる小児精神科医の不足の問題などもあり，診断を受けることがむずかしい現状があります。教員は，通常学級での一斉指示や，板書の書き写しといった従来の授業のひな型が，学習障害の子どもにとっては，学習を妨げる重大なバリアとなる可能性があることを考慮に入れる必要があります。

　学習障害のある子どもは，苦手な領域に対して支援があれば，十分に学ぶことができる可能性があり，支援は適切なアセスメントにもとづいて行われることが求められています。

学習障害の子どもにみられる学力のつまづき

1	聞く	聞き間違いがある。 指示や約束を覚えていられない。 指示や話を理解できない。
2	話す	発音しにくい音や語がある。 文の組み立てがおかしい。 わかりやすく説明できない。
3	読む	似た文字と間違えて読む。 音読が遅く，たどたどしい。 読んでも内容を理解していない。
4	書く	漢字の細部が不正確。 ゅっなどを含む語を正確に書けない。 わかりやすい文章が書けない。
5	計算する	数字の読み書きを誤る。 簡単な加減算で指を使う。 筆算で位がずれる。
6	推論する	文章題を解くことがむずかしい。 単位の関係がわからない。 目盛を正確に読み取れない。

Tips 高原状態・プラトー

　技術を習得するには多くの学習や練習が必要です。しかし，技術というものは学習や練習の量に比例して上達していくわけではありません。例えば，学校で部活動などをしているとき，技術を習得しようと努力していると，初期には基本的な内容で比較的簡単に上達していきますが，難易度が増し，ある程度の時期を過ぎてくるとなかなか上達せずに「停滞期」に入ることがあります。これを心理学では**高原状態（プラトー）**と呼びます。

　心理学者のブライアンとハーター（Bryan,W.L. & Harter,N.）は，**図**のように電信作業の練習に伴う進歩の過程を明らかにし，受信作業の練習では，練習の途中で進歩が止まる状態が起こることを発見しました。学習過程の中で高原状態（プラトー）が起こる原因として考えられるのは，第一に動機づけの低下があり，学習者は解決の方略を見出せず，やる気や興味を失ってしまいます。また第二に，ブライアンらの習熟の階級説があり，より高度な技術の習得をするための準備段階であるとも考えられます。

　このように，高原状態（プラトー）に陥った場合，学習者は上達を諦めず，なぜ停滞しているのかを教材や教授法などを用いて考察し，いままでの知識を一度整理することが必要です。そして，この「停滞期」は高度な技術に向けての準備段階であると，学習者自身が理解し学習に取り組んでいくことが大切です。

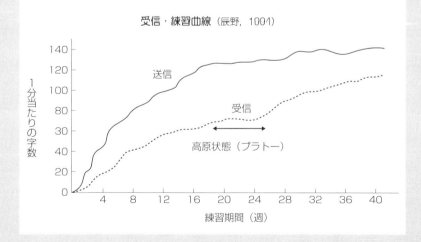

受信・練習曲線（辰野, 1004）

Column 学習障害を抱えた子どもの困り感

　2012（平成24）年に文部科学省より公表された「通常の学級に在籍する発達障害の可能性のある特別な教育的支援を必要とする児童生徒に関する調査」によると、全体の約6.5％の子どもが、知的発達に遅れはないものの「学習面又は行動面で著しい困難を示す」という結果が示されました。「学習面で著しい困難を示す」子どもは4.5％であり、学習障害のある子どももこの中に含まれていると考えられます。30人学級で1.35人在籍している計算になり、どの教室にも学習障害傾向の子どもがいる可能性が示されています（**表**）。

　学習面の問題は筆記のテストなどで顕在化しやすく、他の子どもとの差がみえやすいのですが、半面、学習障害としての特徴や困難は判別がむずかしいでしょう。例えば、テストの点数がよくなかった子どもがいたとして、結果としてできていないことはわかりますが、「読み」「書き」「計算」のどこでつまづいているのかを判断することはできません。また、もとの要因が「読み」の障害であっても、支援が行われないことで学習が進まず、結果として計算や推論に影響が出始める可能性があるためです。学習は子どもたちにとって毎日のことであり、適切な早期発見が重要となります。

学習障害を抱えた子どもの割合

質問項目	推定値 （95％信頼区間）
学習面または、行動面で著しい困難を示す	6.5％
学習面で著しい困難を示す	4.5％
行動面で著しい困難を示す	3.6％
学習面と行動面ともに著しい困難を示す	1.6％

　診断基準では、障害の重症度によって分類されています。軽度の場合は、本人の努力や練習で対処できていることがあります。しかし、苦手なことに対処しながら学習することは、結果として本人に大きな負担となるために、本来の力を発揮できていない可能性があります。

　学習障害のみある子どもは、授業中に行動面で問題を起こすわけではな

いため，もし行動面で問題がある子どもが他にいた場合，教員の支援は行動にも問題がある子どもに偏ってしまうことがあります。学習障害と併存して行動面にも問題行動がある場合，その子どもの学習面よりも行動面の問題が顕在化することで，学習面の困難になかなか視点がいかなくなってしまいます。

子どもの困難に対する適切な支援のためには，アセスメントが重要になります。また，学習障害のアセスメントはその診断とも大きくかかわっています。学習障害の以前の診断基準はディスクレパンシーモデルといわれるもので，知的能力に対して統計的に予測できないほど低い学力であることが基準となっていました。しかしこのモデルでは，子どもの困難が大きくなってから，ようやく支援の対象となると批判が出ていました。

現在広がっている取り組みとして，RTIモデル（**図**）があります。これは「指導に対する子どもの反応の有無に着目する」という考え方です。このモデルでは，学習障害の判断は通常学級で科学的根拠にのある効果的な指導が実施されていることを前提にしています。RTIモデルにおいては，より早期の段階で学習障害の子どもを発見し，支援につなげることができると考えられています。

学習障害の支援においてICTの重要性が指摘されています。学習障害で多いとされている「読み障害」の子どもには，タブレットの音声読み上げ機能があれば学習が広がります。キーボードやカメラ機能は「書き障害」，計算機能は「計算障害」への支援に役立ちます。多機能のICTが1台あるだけでも，子どもの支援の幅は大きく広がる可能性があるのです。

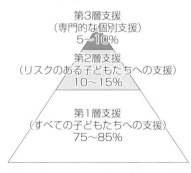

多層支援モデル　RTI

第3層支援
（専門的な個別支援）
5〜10％

第2層支援
（リスクのある子どもたちへの支援）
10〜15％

第1層支援
（すべての子どもたちへの支援）
75〜85％

【第Ⅲ部　学習の心理とは】
第11章
動機づけ

　2017年（高校は2018年）に改訂された学習指導要領では，「主体的・対話的で深い学び」となる学習がめざされました。学習は子どもたちにとってやらされるものではなく，自ら主体的に取り組むべきものであることが強く期待されているのです。学習に対する子どもの意欲に関するメカニズムを，心理学では動機づけといいます。動機づけとは，「行動を生じさせ，その行動を継続し，何らかの目標に方向づける一連の心理的な過程」と定義されます。

　学習と動機づけとのメカニズムを理解することで，期待される行動の変容をもたらす授業のあり方や支援の指針をもつことができます。本章では，子どもたちの学習と動機づけについて考えてみましょう。

1. 外発的動機づけ・内発的動機づけ

　大きく変化する時代に生きる力を育成するため，教育現場では子どもの主体的で自律的な学習行動が求められています。学習意欲は高ければいいというものではなく，学習意欲の質がますます問われています。学習行動に向かう心理状態，あるいはその状態に仕向ける働きかけを**動機づけ**といい，動機づけの視点から学習意欲をみると，**外発的動機づけ**と**内発的動機づけ**に大別されます。

　外発的動機づけは，行動が報酬を得る，罰を避けるという目的のための手段となるものです。さらに，他者が学習行動を始発させるもので，他律的な学習意欲です。行動の結果に報酬や罰がなくなると，動機づけそのものが下がってしまいます。

　内発的動機づけは，行動それ自体が目的になるもので，**ハーロー(Harlow,H.F.)** が提唱しました。学習者の興味や関心が高く，自ら学習に取り組むので，自律的な学習意欲です。ただし，学習内容に興味があり内発的動機づけで勉強している子どもに，「次のテストで満点を取ったらお小遣いをあげる」といった約束をしてそれを実行すると，最初にあった内発的な学習意欲は低下し，さらに外的報酬がないと勉強しなくなることも指摘されています。このように，報酬がもつ内発的動機づけを低下させてしまう効果のことを**アンダーマイニング現象**といいます。

　自律的な学習意欲による学習は，自ら取り組んでいるゆえに，深い学びが生じ，思考力や創造力も高まって学業成績が向上すること，協同や対話にもとづく学習も進み，対人関係も良好になること，その結果，学校適応がよくなることが指摘されています。

　自律的な学習意欲には，前述の内発的動機づけにもとづく学習意欲と，自己実現のための学習意欲の2つがあります。内発的動機づけにもとづく学習意欲は，知的好奇心が旺盛である乳幼児期や児童期の初めから働きますが，自己実現のための学習意欲は，大人とほぼ同じくらいの思考能力が備わり，将来の目標がもてるようになる思春期ころ（小学校高学年）から働くようになります。その結果，「将来○○になりたいから，いま，それにつながる学習」に意欲的になれるのです。

2. モデリング

　古典的条件づけやオペラント条件づけなど，人は直接経験し，強化を得て新しい行動を学習しますが，他者との相互作用の中で他者の行動を真似したり観察したりすることによって，行動を獲得，修正，除去することもあります。これを**社会的学習**といいます。

　社会的学習は，当初は，他者の行動を模倣し，その模倣に対して学習者が直接強化される模倣条件づけの過程を指していました。しかし，1960年代以降，**バンデューラ（Bandura, A.）** が「社会的学習理論」を提唱し，学習者に直接強化がなされなくても，他者が強化されているのを観察するだけで，他者の行動が学習されることを示しました。これを**代理強化**といいます。

　その後，バンデューラは自身の社会的学習理論の名称を「社会的認知理論」と変更し，従来の社会的学習理論に認知的要因を取り入れ，包括的に発展させました。そして，他者の行動を観察することで自身の行動が変容することは**モデリング**と呼ばれ，モデリングによって成立する学習の様式を**観察学習**といいます。

<モデリングによる観察学習>
　「注意」「保持」「産出」「動機づけ」の4つの過程からなります。
①注意：モデルの行動に目を向ける
　モデリングは観察者が関係のある環境事象に注意しないと生じない。
②保持：モデルに関する情報を記憶に貯蔵しておく
　観察者が記憶に蓄えているモデルの情報を内的にコード化し転移する。その際，情報を認知的に組織し，リハーサルすることが必要。
③産出：観察したモデルの行動を自身の行動に移す
　モデルがやって見せた表面的行動だけではなく，事象の心的概念を実際の行動に移行する。
④動機づけ：観察した行動を実行するための動機づけ
　観察学習によって，観察者はモデルが学習できる（行動できる）のなら自分も同じようにできると信じるようになり，学習が生じる（行動するようになる）。

第11章　動機づけ

3. 自己調整学習

　主体的な学びは，心理学では**自己調整学習**が該当します。自己調整学習に関する研究は，多くの研究者たちによってそれぞれの関心のもとに，幅広く取り組まれてきました。それが1980年代から，いくつかの要素が統合された研究がなされるようになってきました。その中心的研究者の一人が**ジマーマン（Zimmerman, B.J.）**です。ジマーマンの社会的認知モデルは，**バンデューラ（Bandura, A.）**の社会的認知理論にもとづいています。自己調整能力の発達との関連で，バンデューラの指摘した「モデリング」を理論化しました。学習を自己調整する力は，他者の学習行動を観察するモデリングによって発達していくと考えました。

　自己調整学習とは，学習者が学習過程に，**動機づけ**，**学習方略**，**メタ認知**の考えを取り入れ，行動に積極的に関与する学習です（**図**）。自己調整とは，従来からそれぞれ独立して研究され，多くの知見が蓄積されてきたこの3領域を統合して捉えた概念です。この3つの要素を身につけ，統合的に適切に活用できる学習者が，「自ら学習できる学習者」であると考えられるのです。

　3つの要素は，以下の通りです。

(1) **動機づけ**

　動機づけとは，人に行動を起こさせ，目標に向かわせる心理的過程です。学ぶ内容に興味があるなどの内発的な動機づけができるようになっていくことが，学習者にとっては目標となります。

自己調整学習の3つの要素

「いままでできなかったから，今回もどうせ無理だ」と思っている学習者，学習内容に興味がもてない学習者，親や教員から言われたから仕方なく取り組むしかないと思っている学習者などに，学ぶ内容に興味があるなどの内発的な動機づけができるようにしていくことが，教育者にとっての目標となります。

(2) 学習方略

学習方略とは，学習する手立て，学習方法や勉強の仕方のことです。自己調整学習ができる学習者は，「認知過程」「学習行動」「学習環境」において，学習内容や自分の特性に合った学習方略を選択することができます。

認知過程に関する学習方略には，理解が進むように図表にしてまとめたり，既知の知識を関連づけて記憶したり考えたりする認知面と，自分のがんばりに自分なりのご褒美を用意しておき，やる気を喚起するなどの感情面があります。学習行動に関する学習方略には，音読する，繰り返し紙に書いて記憶する，友人と問題を出し合って公式の活用の仕方を身につけるなどがあります。学習環境に関する学習方略とは，学習する前に机の上を整理する，課題に活用できる参考書などを事前に用意しておくなど，自ら学ぶ環境をつくることです。

(3) メタ認知

メタ認知とは，自分の考えていることや行動していることそのものを対象として，客観的に把握し認識することです。自分が何かを覚えたり考えたりしていること（認知）を自ら自覚し，第三者の視点で俯瞰して捉えるための知識と，その知識を用いて学習や行動を適切に調整することです。メタ認知が活用される学習場面は，「学習計画の立案,」「学習活動の遂行状況」「学習活動の評価」の3つです。メタ認知は，知識を活用する際の基盤となる能力です。

「動機づけ」「学習方略」「メタ認知」は相互に影響を与え合っています。どれか1つでも機能しないと，他の要素もマイナスの影響を受けてしまいます。

例えば，望ましい「動機づけ」がなされていないと適切な「学習方略」を選択しようとしない，自分の学習活動に「メタ認知」の機能を適切に活用していないと不適切な「学習方略」を取るようになり，その結果,「動機づけ」も不適切なものになる，という具合です。

第11章　動機づけ

4. 習得目標と遂行目標

　人が何らかの行動をするとき，そこには目標があります。目標を設定することは，その目標を達成させるための行動を喚起させる機能をもっており，動機づけのプロセスに大きな影響を与えます。ただし，人がどのような目標を志向するかは，個人の考え方によって異なります。このことを対象として研究したのが，**達成目標理論**です。

　達成目標は，**習得目標**と**遂行目標**に大別されます。

　習得目標とは，課題などに対して自分が努力して能力を伸ばし，有能感を得ることに価値をおくものです。一般的に，習得目標を志向する人は，絶対的な評価基準をもちます。

　遂行目標とは，自分が他者からどのように評価されるかに関心が向けられ，自分の高い能力は誇示し，低い能力は露呈しないようにすることで，有能感を得ることに価値をおくものです。一般的に，遂行目標を志向する人は，相対的な評価基準をもちます。

　ドウェック（Dweck,C.S.）は，以上の2つの目標について，次のことを指摘しました（表）。

　習得目標は，知能は努力すれば伸びたりするもの（**拡張的知能観**）と考える人が設定する目標で，習得目標をもつ人は失敗を成功の情報源とみなし，困難な課題に積極的に取り組む傾向があると考えました。

　逆に，遂行目標は，知能は不変であるもの（**固定的知能観**）と考える人が設定する目標で，遂行目標をもつ人は失敗を自分の能力の限界を示す指標として帰属する傾向があり，無気力になりやすいと考えました。

達成場面における能力観，達成目標および行動パターン
(Dweck, 1986をもとに作成)

能力観	達成目標	現在の能力への自信	行動パターン
拡張的知能観	習得目標	高い・低い	熟達志向
固定的知能観	遂行目標	高い ------▶	誇示
		低い ------▶	回避

5．自己決定理論

　デシとライアン（Deci,E.L. & Ryan,R.M.）は内発的動機づけの研究を発展させ，**自己決定理論**を提唱しました。人間には3つの重要な心理的欲求が備わっており，その3つの重要な心理的欲求がすべて満たされることで，人はさまざまな活動に積極的に動機づけられ，統合された人格として成熟していくとしています。3つの重要な心理的欲求とは，有能さへの欲求（環境と有効にかかわれる能力を有した存在でありたい），自律性への欲求（自分の行動を自己決定できる主体でありたい），関係性への欲求（他者や社会と絆やかかわりをもっていたい）です。

　自己決定理論では，「内発―外発」という区別に価値の内在化と自律性の程度による「自律―他律」の区分を導入し，外発的動機づけを4つの段階に整理しました。4つの段階は，外的に動機づけられていた行動から自律的な動機づけによる行動へ変化していった場合の連続的な状態を示しています。

①外的調整：外的な強制によって「やらされている」状態。
②取り入れ的調整：「やらなくてはならない」という義務感・不安感などの内的な強制力によって取り組む状態。
③同一化的調整：「自分にとって重要」と価値が認識されて取り組む状態。
④統合的調整：課題と自分の中の価値が統合されて自然と取り組める状態。

　自己決定感と有能感が高いほど内発的動機づけが高まり，自分から積極的に行動を起こすようになる（より④に近づいていく）と考えます。

　デシとライアンは，無力状態の調整なしと，従来の意味の内発的動機づけである内発的調整を加えた6つの状態を想定しました。そのうち，統合的調整と内発的調整を**自律的動機づけ**としました（**表**）。

6つの動機づけの状態 (Deci & Ryan,1985 をもとに作成)

Tips　学習意欲の発達的変化

　学習指導を展開していく上で，子どもの実態を捉えることは大事であり，大きな指針は子どもの発達段階を押さえることです。学年ごとに子どもの学習意欲を高めるポイントは異なります。下図は学年ごとの子どもの学習意欲の変化を示したものです。

　子どもの学習意欲を高める対応で，賞罰によるものは小学校低学年までは通用しますが，その後一貫して低下していきます。また，学習内容の興味や関心を高めることは大事ですが，内発的学習意欲も学齢とともに緩やかに低下することが示されています。そして，小学校中学年から中学校の2年生までは，規範意識が学習意欲を支えていることがわかります。さらに，自己目標実現のための学習意欲は小学校高学年の終わりころから急速に高まり，高校受験に臨む中学校3年生からは一気に高まります。

　これを**自己決定理論**の外発的動機づけの4段階（P.143）に当てはめてみると，賞罰による学習意欲は**外的調整**（周りの人に怒られたくないから等），規範意識による学習意欲は**取り入れ的調整**（友人にばかにされたくないから等），自己目標実現のための学習意欲は**同一化的調整**（自分の夢や目標を実現したいから等）と対応すると思われます。

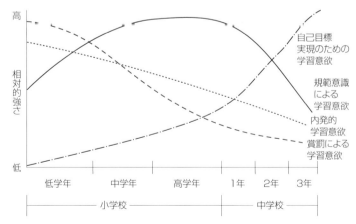

各種の学習意欲の学年別相対的強さ（新井,1995）

Tips 学習性無力感

学習性無力感（learned helplessness）とは，対処が不可能な体験を数多く重ねることにより，行動への動機づけが失われる現象をいいます。アメリカの心理学者**セリグマン（Seligman,M.E.P.）**は，犬を用いた実験を行い，どんな回避行動をとっても電気ショックから逃れられない環境に長くおかれた犬は，回避可能な環境に変わっても電気ショックを回避しようとせずに，じっとうずくまっていたことを報告しました。この犬は，自分では何をやっても無駄だという無力感を学習し，回避行動を起こそうとする動機づけを失ってしまったといえます。後に，人間においても学習性無力感が生じることが示されました。

その後，学習性無力感は，無気力や動機づけの低下を説明する理論として知られるようになりました。取り組みに対する賞賛が得られない，取り組んだ内容に対する成果が実感できないなどが繰り返されると，人は努力と成果の**随伴性**がないことを学習して学習性無力感に陥ります。自分の行動によってよい結果を得られるという期待をもつことができないからです。

例えば，学習につまずきの多い子どもは，「自分では対処できない」「自分が無力である」ことを実感として受け入れてしまいがちです。その結果として，自発的に学ぼうとする動機づけまでも低下してしまいます。そして，期待がもてないことが将来の同様の事態まで一般化されて，勉強嫌いになってしまうのです。

教える側についても，学習性無力感に陥る危険性があります。教員が学習性無力感に陥った場合，「がんばったって仕方がない」「教員一人の力ではたかが知れている」と感じ，教育実践に身が入らなくなります。その結果，必要最低限の仕事だけを取りあえずやるといった，形だけ取り繕うような取り組みになっていきます。

学習性無力感を修正するには，認知行動療法などの方法があります。例えば，一度に達成することが困難な課題について，課題を細かく区切り（**スモールステップ**），少しずつ強化していく**シェイピング法**があります。つまり，小さな成功体験を積み重ねていくことで，自分の行動によって望む結果が得られることを理解するという，**随伴性の学習**により信念の修正を行っていくのです。

Column 教室での学習指導の実際

　日本の学校は，教員が学級集団を単位として一斉的に授業を展開していきます。そのため，授業の展開は学級集団の状態の影響を受けます。学級集団の状態を，学級内の**ルール**の確立度と**リレーション**(親和的な人間関係)の確立度の2つの視点で捉えると，両方確立している「親和的でまとまりのある学級集団」，リレーションの確立が弱い「かたさのみられる学級集団」，ルールの確立が弱い「ゆるみのみられる学級集団」，両方の確立度が弱い「不安定な要素をもった／荒れのみられる学級集団」が見出されます。そして，学級集団のタイプごとに，子どもの学力の定着度(**アンダーアチーバー**と**オーバーアチーバー**の出現率)とを検討したところ，かたさ型が相対的に悪いという結果が見出されました（図）。対象は小学校の5年生の子どもたちです。

　「かたさのみられる学級集団」では，子どもたちは規律よく整然とルールにそって活動できているのに学力の定着が低くなっています。理由として考えられることは，小学校高学年の子どもの発達段階に対して，マッチしていない動機づけを教員がしている可能性が考えられます。**自己決定理論**の外発的動機づけの4段階にあてはめてみると，外的調整と取り入れ的調整をおもに用いて学習していることが想定されます。子どもたちは整然と活動しているようにみえても，その行動が自律的ではない場合は，学習の定着度は高まらないのではないでしょうか。

学級集団の類型ごとの子どもの学習の定着度
(オーバーアチーバーとアンダーアチーバーの出現率)

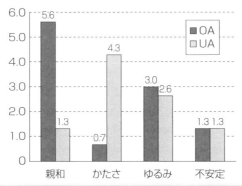

【第Ⅲ部 学習の心理とは】
第12章
学習の方法・形態

　2017年改訂（高校は2018年）の学習指導要領では「主体的・対話的で深い学び」の視点で授業改善を行うことが強調されています。それは具体的に，授業を教員の一方的な説明主体で展開していくばかりではありません。

　学習の目的にそって，それにふさわしい学習の方法・形態を取り入れることで，教育の効果は向上することが期待できるのです。本章では，さまざまな学習の方法・形態について考えてみましょう。

1. プログラム学習

　学習者があらかじめ決められたプログラムに従って個別学習を行う学習指導法が，**スキナー（Skinner,B.F.）** の提唱した**プログラム学習**です。従来の一斉指導型の授業を参観したスキナーが，学習者の自発的な行動に適切な強化を随伴させて個別に学習を進めることを考え，オペラント条件づけの理論を教育に応用したものです。

　プログラム学習では，学習者の理解度や適性に応じて効率よく学習が進むように工夫が為されます。到達すべき学習目標に即して学習内容を細かく分割し，少しずつ難易度を上げながら配列（**シェーピング**）します。スキナーはプログラム学習の原理として，以下の5つを上げました。

プログラム学習の5つの原理

①スモールステップの原理	学習内容を細かく分割し，やさしいものから一段ずつステップアップされる
②積極的反応の原理	学習者が積極的に取り組み，自分で答えを書く
③即時確認の原理	学習者が問題に解答したら，即座にその正誤のフィードバックを与える
④自己ペースの原理	学習者は各自の能力や動機づけの状態によって学習速度を自ら調節できる
⑤学習者検証の原理	プログラムは学習者の反応によって，絶えず改善される

　スキナーが考案したプログラムは，すべての学習者が，同一の内容を同一の順序で学習するように設計されていました（直線型プログラム）が，**クラウダー（Crowder,N.A.）** は学習者の反応によって提示される問題が変化するようにプログラムを構成しました（枝分かれ型プログラム）。

　また，スキナーは個別学習を実現するため，早くから**ティーチングマシーン**と呼ばれる機器を導入しましたが，この発想は後のコンピュータを活用した学習指導（CAI）への発展につながりました。

2. 発見学習

教育者が用意した学習内容に従って展開するプログラム学習に対して，**ブルーナー（Bruner,J.S.）**は**発見学習**を提唱しました。発見学習とは，学習者が自らの直観にもとづいて仮説を立て，それを検証していくことを通して学習を深めていく学習指導法です。

発見学習では，学習すべき知識や概念は教員から直接与えられなくても，実験や議論を通して学習者が自ら発見できることを想定しています。教員は学習内容を教えるのではなく，学習者の興味・関心を引く課題と，学習者が自ら答えを発見できるような教材・教具を与え，自律性支援をしながら発見に導いていくのです。

発見学習は，以下の5段階プロセスを経て展開されます。

(1)**学習課題の把握**
問題事象を分析させて，学習者に解決すべき課題を明確に把握させる。
(2)**仮説の設定**
思いつきレベルでいいので，問題解決の仮説を立てさせる。
(3)**仮説の練り上げ**
仮説を論理的なものに修正し，検証方法も考えさせる。
(4)**仮説の検証**
実験を行ったり資料を調べたりして，仮説が正しいかどうかを学習者自身に検証させる。
妥当な結論が出るまで繰り返される。
(5)**まとめと発展**
得られた結論をまとめさせ，他の場面でも応用できるようにする。

発見学習は，学習者の知的能力・内発的動機づけ・発見の方法・学習内容保持が高まることが指摘されていますが，学習を進めることに時間と労力がかかり，適応できる教科・内容が限定されてしまうというマイナス面も報告されています。

なお日本では，1963年に，発見学習と同じ学習者中心の学習方法として，理科教育における**仮説実験授業**が板倉聖宣によって提唱されました。

3. 有意味受容学習

オーズベル（Ausubel,D.P.）は，発見学習には学習活動に多大な時間と労力が必要とされる点を批判したうえで，学習には「受容―発見」と「有意味―機械的」の2次元があり，その組み合わせにより4種類の学習形態が考えられ，そして，**有意味受容学習**が最適な学習指導法であることを主張しました（**表**）。

「受容―発見」の次元は，学習内容がどのような形で学習者に伝達されるのかに関係しています。受容学習は，学習されるべき内容が完成された形で学習者に示され学習されるものです。発見学習に関しては前節（12章第2節）のとおりです。

「有意味―機械的」の次元は，教員によって提示された学習内容が学習者にどのように受け入れられるかに関係しています。有意味学習とは，新しい知識が既有の知識と関連づけられて，学習者の知識体系の中に組み込まれることです。機械的学習とは，新しい知識と既有の知識構造とがバラバラで，知識が構造化されていない状態です。

つまり，新しい学習内容を学習者の既有の知識と関連づけ，その意味を理解できるような形で提示すれば，最も効果的な学習になるのです。

オーズベルは，新しい学習内容と既有の知識構造とを関連づけやすくするために，学習内容よりも一般的な情報を学習に先立って提示することを提唱しました。その情報を**先行オーガナイザー**といい，2種類あります。ひとつは**説明オーガナイザー**で，新しい学習内容の構造を示す情報であり，モデルや例のように全体的な枠組や見通しを与える情報です。もうひとつが**比較オーガナイザー**で，新しい学習内容と既有の知識構造がどのように関連するのか，両者の類似点や相違点を示す情報のことです。

4種類の学習形態（オーズベル，1963）

	受容	発見
有意味	有意味受容学習	有意味発見学習
機械的	機械的受容学習	機械的発見学習

4. 問題解決としての学習

問題解決とは，何らかの問題（目標）が存在し，その解決法が与えられていないときに，目標に到達するための手段や方法を見出すことです。問題解決に関する心理学の研究では，おもに次の3つのアプローチがあります。

(1) **試行錯誤学習**

ソーンダイク（Thorndike, E.L.）は，問題解決を迫られた動物は，どのようにして解決法を見つけて行動を変容するかを研究しました。問題箱に閉じ込められたネコは，最初は偶然に脱出します（試行錯誤学習）。脱出は満足をもたらします。繰り返すうちに効率よく脱出できるようになります（満足の法則）。満足すると，満足した直前にやったことを何度も繰り返すようになるのが満足の法則です。

こうして，問題箱に閉じ込められた刺激（S）と，脱出という満足をもたらす反応（R）との連合（S-R連合）が，徐々に形成されます。試行錯誤により，満足する行動が残ることで問題解決を学習するのです。

後に，満足をもたらすという言葉は，**強化**という概念に発展しました。

(2) **洞察説**

ケーラー（Köhler, W.）は，チンパンジーが試行錯誤をせずに，天井に吊るされたバナナを複数の道具を組み合わせて取るのを観察し，試行錯誤学習のように徐々に誤反応を減らしていくのではなく，問題の構造を洞察することこそが問題解決であると指摘しました（洞察説）。

(3) **サイン・ゲシュタルト説**

トールマン（Tolman, E.C.）は，ネズミに迷路内を移動させる実験を行う中で，ネズミは単に迷路内を移動するという運動反応をしているのではなく，移動するルートを学習していると考えました（サイン・ゲシュタルト説）。つまり，目的とそれに到達するための手段との関係性を認知することで学習が成立することを提唱しました。

従来の「S-R（刺激-反応）」に対して，「S-O-R（刺激―生活体―反応）」を唱え，刺激と反応の間の媒介変数として，おもに期待を想定しました。学習とは，単なる刺激と反応との連合ではなく，刺激がどのような意味をもつかについての認知が形成されることであると考えたのです。

5. 適性処遇交互作用

クロンバック（Cronbach,L.J.）は，学習指導法の効果が学習者の特性によって異なって現われる現象について，**適性処遇交互作用（ATI）**と呼びました。

同じ内容を学習するとしても，最も効果的な学習指導方法は学習者個々の属性（適性）によって異なり，その適性に応じた最適な教育方法（処遇）があるという考え方です。

適性とは，学習者の知能や学力，内向―外向や不安の高さなどのパーソナリティ特性，動機づけの状態などです。**処遇**とは，指導方法，教材，評価方法，物理的学習環境（教室環境），教員の特性や指導態度などです。

サロモン（Salomon,G.）は，ATIの考え方を発展させて，以下のようにATI理論にもとづく3種類の教育モデルを提唱しました。

ATI理論にもとづく3種類の教育モデル

①特恵モデル	学習者の優れた部分をより伸ばせるような指導法を選択する
②補償モデル	特定の学習に取り組むのに必要な特性が不足している学習者に対して，その不足を補うような指導法を選択する 学習を妨げるように働く特性を緩和するような指導法を選択する
③治療モデル	学習者が，新しい学習に必要な基礎知識や技能を十分に身につけていないときに，まずその部分を習得させるような指導法を選択する

実際の授業では，多様な学習者の適性の組み合わせに対して，どこまで指導法を合わせることができるか，さらに，一斉指導の中でどこまで個別の適性に応じた対応が可能かなど検討が必要です。近年の教育現場において，障害のある子どもを含むすべての子どもに対して，子ども一人一人の教育的ニーズに合った適切な教育的支援を，通常の学級において行うことなどのインクルーシブ教育が求められる中で，ATI理論は重要な視点をもたらしてくれます。

6. アクティブ・ラーニング

　中央教育審議会は大学教育に関する2012（平成24）年の答申の中で，「従来のような知識の伝達・注入を中心とした授業から，教員と学生が意思疎通を図りつつ，一緒になって切磋琢磨し，相互に刺激を与えながら知的に成長する場を創り，学生が主体的に問題を発見し解を見いだしていく**能動的学修（アクティブ・ラーニング）**への転換が必要である」と示しました。**資質・能力（コンピテンシー）**の育成につながる学びとして，アクティブ・ラーニングの視点からの授業改善に社会的な注目が集まるきっかけとなりました。2017（平成29）年改訂（高校は2018年）の学習指導要領の本文では，アクティブ・ラーニングという言葉は用いられませんでしたが，「主体的・対話的で深い学び」という言葉で，同義の内容を推進することが明示されました。

　それ以前から小・中・高等学校の学習指導要領には，「自ら考え，判断し，表現する力の育成」や「学習に取り組む意欲を養うこと」が，教育理念として明記されていましたが，社会的な注目も相まって，いよいよ小・中・高等学校でも，本格的に学習者主体の授業づくりが求められています。

　溝上（2014）は，アクティブラーニングを「一方向的な知識伝達型講義を聴くという（受動型）学習を乗り越える意味での，あらゆる能動的な学習のこと。能動的な学習には，書く・話す・発表するなどの活動への**関与**と，そこから生じる認知プロセスの外化を伴う」と説明しました。関与とは，物事にかかわることであり，学習者が自ら能動的に学習過程に関与することが求められるということです。**外化**とは，自らの考えやアイデアを発話，文章，図式化，ジェスチャーなどの方法で外に可視化させることです。一つの考えが可視化されると，理解の不十分さ，他の考えとのつながりなどを他のメンバーと発見したりでき，操作の対象となります。

　アクティブ・ラーニングの推進は，学校教育の授業の考え方について，「教える」から「学ぶ」へ，パラダイム転換を迫るものです。自律的に他者とかかわり合いながら，自由度の高い試行錯誤をして，自ら学習内容と学習方法を学び取っていく，という学習スタイルを子どもに求めることになるのです。

第Ⅲ部　学習の心理とは

7. 協同学習

協同学習は，アクティブ・ラーニングの基盤をなす方法論です。協同学習とは，授業の中で，小グループを利用して，学習者たちがともに活動し，自身と互いの学習を最大化させる活動であり，そのねらいは，協力して学び合うことで，学ぶ内容の理解・習得をめざすとともに，協同の意義に気づき，協同の技能を磨き，協同の価値を学ぶ（内化する）ことです。

19世紀のアメリカでは，**デューイ（Dewey, J.）** などが協同学習を積極的に奨励し，アメリカ教育界の中心的な教育実践でした。一時，競争による学習が強調された時期に勢いが低下しましたが，1980年代には一斉学習，説明中心の授業の見直しが起こり，再び盛んに研究されるようになりました。多くの小学校において，国語，算数，理科，社会などの教科教育，多民族からなる集団や障害のある子どもも含む集団などにおける教育，コンピュータを利用した遠隔地の学校同士での学習などにも協同学習が授業に取り入れられていることが報告されています。21世紀を迎えるころからは，大学の講義にも盛んに取り入れられました。

安永悟（2005） は，協同学習の具体的なイメージとして以下をあげました。

○仲間同士が，お互いの理解状態を意識しながら，より適切なアドバイスを考え，教え合うことにより，理解が促進される。自他の学習過程を意識し，その変化を実感できる学び合いを通して，主体的かつ能動的な学びが展開する授業。

○すべての学習者が，共有した学習目標の達成に向け，協同の精神に則り，自分と仲間の学習過程に深く関与し，主体的かつ能動的に教え合い，学び合う授業。

協同学習では，「自分さえよければ」という態度は否定され，「仲間と共有している学習目標を達成するために，自分にできる貢献を積極的に行う」という態度と，それを具現化する具体的な行為が求められます。これにより，協同学習の効果として，**認知的側面**（学習指導につながる面）と，**態度的側面**（生徒指導につながる面）が，子どもに同時に獲得されていくことが期待されます。

8. PBL

PBLとは，近年日本においても注目を集めているアクティブ・ラーニング型の学習方法です。PBLは2つの学習法を表しています。**プロジェクトベースドラーニング**（Project-Based Learning：**PjBL**）と**プロブレムベースドラーニング**（Problem-Based Learning：**PbBL**）です。2つのPBLはともに実践が多岐にわたるため，一概に定義することはむずかしいといわれています。以下それぞれについて説明します。

PjBLは，プロジェクトを中心に学習を進める方法です。プロジェクトのテーマは学習者の興味・関心から設定されたり，学習すべきテーマを教員が提示したりとさまざまですが，多少なりとも課題を自身で設定し，その課題解決に向けてチームで協力し学びを進める形態を取ります。学習者の自由度には幅があり，柔軟な学習法であるといえます。PjBLは日本では課題解決型学習やプロジェクト学習と訳され，工学系の大学を中心に取り組まれてきました。その起源は**キルパトリック**（**Kilpatrick,W.H.**）のプロジェクト・メソッドにあるともいわれており，**デューイ**（**Dewey,J.**）の影響も受けています。

PbBLは，提示された「問題」や「シナリオ」を解決することを軸として進められる学習です。「状況に埋め込まれた学習」ともいわれ，学習者が自身のこととして捉えられるような「真正な問題（authentic problem）」に取り組みます。PbBLは日本では問題基盤型学習やプロブレム学習と訳され，医学系の大学を中心に取り組まれ，専門性を身につけるための学習法として発展してきました。

どちらのPBLも学習者には学習への責任（responsibility）が求められます。教員はファシリテーター，コーチ，アドバイザーなどと呼ばれ，学習者の学習を支援・先導します。PBLは，自己調整学習との関連も示唆されています。また，問題や課題の解決をめざして成果物を創造するPBLは，一般的な知識習得型のアクティブ・ラーニングと比較して，「高次のアクティブ・ラーニング」ともいわれます。現在の日本では医学教育・工学教育の分野を超えて，さまざまな分野での高等教育機関での実践が主ですが，今後は小・中学校での取り組みも期待されます。

第12章　学習の方法・形態

9. デューイの問題解決学習

　デューイ（Dewey,J.）はアメリカの哲学者，そして教育学者として広く知られる人物です。教育学者としてのデューイは**進歩主義教育**の思想家であり，彼の教育学においては子どもたち一人一人の「経験」が重視されました。中でも子どもたちの日常生活における経験は，子どもたちが自分の問題として必要性を感じる物事が教育の目的となる意味において基盤となるものとして扱われました。

　このような考え方にもとづく学習法として，デューイが検討した**問題解決学習**（problem-solving learning）があります。デューイの問題解決学習における「問題」は，子どもたちの生活経験から生まれた興味・関心をもとに設定することができます。子どもたちは，教員による自発的な学びへの導きや支援を受けつつ，仲間との対話を通して協同的に学習へ取り組むのです。「問題」が自分事であるからこそ，子どもたちは能動的に学習に取り組むことが促されるのです。

　デューイの問題解決学習においては，知識や技能の習得と同時に，「自ら課題を設定してその達成に向けて取り組むという能力の育成」がめざされます。つまり，「問題」を解決するプロセスから，学び方・生き方を学ぶのです。これは生涯学習に通じるものといえます。

　このような，デューイの考えた問題解決学習とは，子どもにとって「文脈性のある学び」になります。文脈性のある学びとは，「課題を達成するという自らの目的意識とその必要感にもとづいて，子どもたちが探究的・協同的に取り組み，課題の達成を通じて自分の成長を実感できる学習活動」です。

　文脈性のある学びにおいて，子どもは問題解決のためにすでに学んだ知識（既得知識）を活用して取り組みます。これにより，「活用できる知識」の習得が期待されるのです。

　近年，全国学力・学習状況調査の結果において，知識を問われるA問題の正答率と比べて，知識の活用を問われるB問題の正答率が低すぎるのではないかと問題提起されています。そのためひとつの解決策として，問題解決学習を導入することがあげられます。

Tips 習熟度別学習・少人数学習

習熟度別学習とは，子どもの習熟度別に構成された学習集団で進める学習のことを表します。おおよその場合，通常の学級集団よりも少人数になることから「習熟度別・少人数学習」などと合わせて表記されることが多く見受けられます。

習熟度別学習は，2000年以降に議論された学力低下問題への対策として打ち出されました。**個に応じた指導**をめざすべく，個別指導やグループ学習，補充的な学習や発展的学習と並んで提案され，子どもの科目別の習熟度に応じた指導をすることによって学力の向上がめざされたのです。算数・数学・英語の授業でよく取り組まれてきました。

ただし，熟練度別学習を導入すれば学力低下問題が解決するという単純な結論にはいたっておらず，学校教育への導入の是非をめぐってはさまざまな意見があります。

習熟度別学習のメリットとして，子どもの能力水準のばらつきが少ないため効率よく指導できる，学級集団より少人数のため子どもが発言しやすいなどがあげられています。一方で，学習集団を分けることによって子どもの間の能力の差が自他ともに明確になってしまうことから，劣等感・優越感を生んでしまうこと，それにより学習意欲が高まらないなどの懸念がデメリットとしてあげられています。

習熟度別学習を行う際には，このような懸念事項を踏まえて工夫・配慮を行う必要があります。例えばクラス分けの際には，以下のようなことが考えられるでしょう。

○子ども・保護者へ，ねらい（目的）・効果をていねいに説明する。
○クラスは子どもに選択させる。
　➡子ども，そしてその保護者の相談を受ける機会を設ける。
○クラス別に教員の指導方法を提示する。
　➡「わからないときに質問しに行けるクラス」「もう一度説明を聴けるクラス」など，子どもが抵抗なく選択しやすい工夫をする。
○単元ごとにクラスを選択できる。
　➡クラス間の移動に柔軟な体制を取ることで，クラス選択がより安心できるものになるようにする。

Tips 学校教育におけるICT

　2017年改訂（高校は2018年）の学習指導要領では，主体的・対話的で深い学びの視点による授業改善を実現するために，ICT環境整備と各教科の指導においてICTを活用することが求められました。近年，学校現場において，ICT環境がだんだんと整いつつあり，電子黒板や書画カメラ，タブレット端末などのICT機器を活用した，ディスカッションやグループワーク，プレゼンテーションなどを取り入れた授業も増えています。

　では，子どもたちの学習において，ICTをどのように活用することが有効なのでしょうか。例えば，授業の導入場面では，プロジェクターを使って課題や見本動画を提示することによって，より簡潔かつ効果的な学習課題の把握が可能となります。また，個別学習の場面では，タブレット端末が自力で課題解決に取り組ませるために有効です。タブレット端末は自己の疑問を詳しく調べたり考えを表現したりするツールとなります。さらに，デジタルペンやキーボードなど自身の特性に応じたデバイスを選択することで，一人一人の学び方に応じた学習活動が展開されていきます。

　いっぽう，ペアやグループでの学習において，一人1台またはグループ1台のタブレット端末を用意することは，話し合う際の思考の可視化や，発表の根拠の提示をサポートします。そして，一斉指導の場面においても，電子黒板や授業支援ソフトを活用し，意見や考えの集約を行うことが，多様な考え方をすり合わせ，学びを広げ，深めることにつながります。ICTが発表を補助する役割を担うため，子どもは自己の考えを発表しやすくなり，発表への効力感を高めるという効果も期待できます。

　このように，学習のプロセスに応じてICTを活用していくことは，子どもたちの主体的・対話的で深い学びを促進することにつながります。子どもにどのような力を身につけさせたいかを教員自身が具体的にイメージし，ICTを活用することが重要です。

　また，インクルーシブ教育推進の観点からも，ICT機器が補完ツールとなることで，これまで授業に参加できなかった子どもが授業に参加できる場面が増えていくことが考えられます。今後，学校教育においてICT環境がますます整備されていくことは，一人一人の学びの可能性をされに広げるといえるでしょう。

Column　アクティブ・ラーニングのむずかしさ

　子どもの学習を**アクティブ・ラーニング**（主体的で対話的で深い学び）とすることは，知識基盤社会で生きていく資質・能力（コンピテンシー）の獲得につながるといわれます。アクティブ・ラーニングは，協同学習の考え方が基盤になっています。それは，小グループを利用して，学習者たちがともに活動し，自身と互いの学習を最大化させるというものです。

　協同学習とはただし，単にグループで活動するだけでは達成されているといえません。**ジョンソン（Johnson, D.W.）**らは，真の協同学習を実践するためには，グループが次の5つの基本要素を満たす必要があることを指摘しました。

①互恵的な相互依存性：メンバーが「運命共同体」の関係になること。
②対面的な相互交渉：メンバー同士が，援助したり，励ましたり，褒めたりし合うこと。
③個人としての責任：メンバーが，教材について学習する，あるいは自分の個人目標に到達することに責任をもつこと。これは，「自分がやらなくても仲間がやってくれる」と考え行動しないという「無賃乗車」（free ride：社会的手抜き）を防ぐためです。
④社会的スキルや小グループ運営スキル：メンバーが質の高い協力ができるように，やり取り（turn-taking），傾聴，自己主張，妥協，意見の対立の解決など，さまざまな社会的スキルを身につけていること。
⑤集団の改善手続き：協同学習グループの中でうまく課題に取り組めるような関係性を維持する，グループの成功を喜び合い，仲間の積極的な行動を引き出したりするような方法を身につけていること（学習活動後のグループでの振り返りの機会を設定する）。

　この5つの要素を満たした学習集団を前提に，真の協同学習は成立します。教員は，協同学習を展開する前提として，上記の①〜⑤を，子どもたちに身につけさせなければなりません。真の協同学習が展開される前提条件の定着度によって，グループ活動の成果は異なってくるのです。

　次ページ（P.160）の図は，次のことを示しています。Aは4人のメンバーがいても，協同方法が共有されていないため関係性が悪く，最低限の1人分の成果しか出ていません。Bは従来の，やらされている状態のグル

ープ活動で，メンバーすべてが全力を出し切らず，3人分の成果しか出ていません。A，Bでは，できる子は，グループ学習よりも1人でやったほうがいいのです。そのほうが集中できますし，効率がいいからです。

集団が真の協同学習を実践するグループ（C～D）に近づくと，支え合い，学び合いが生まれ，成果が4人分以上になります（C:協同学習グループ）。さらに，個々のメンバーが自律的に行動する中で相互作用が活発になると，互いの違いが刺激になり，ものすごい高め合いになります（D:高い成果を生む協同学習グループ）。

目標は，C～Dのアクティブ・ラーニングです。しかし，このようなC～Dのアクティブ・ラーニングはむずかしいものです。なぜなら，①学習者個人が取り組むべき課題（一定の知識や学習方法の保持，チームワークが取れるなど），②学習集団・グループの組織として達成すべき課題があり，他者とうまくかかわれない現代の日本の子どもや，そのような子どもたちが集う協同意識・行動が弱い学級集団では，その達成がとてもむずかしいからです。

安永悟（2005） は，「協同」の精神は，自他の学習過程を意識し，その変化を実感できる学び合いを通して，主体的かつ能動的な学びが展開する授業をめざすことで形成されていくこと，学習仲間との交流を通して，教え合い，学び合うことのすばらしさを実感する中で，少しずつ培われていくことを指摘しました。

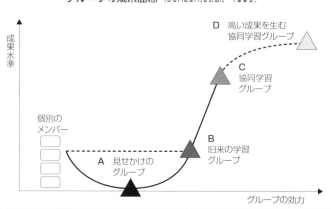

グループの成果曲線（Jonson, et, al, 1993）

【第Ⅲ部　学習の心理とは】
第13章
学級集団づくり

　2017年（高校は2018年）に改訂された学習指導要領で強調された「主体的・対話的で深い学び」は，学習者たちの建設的な相互作用が活性化している学習集団でこそ，質の高い学習の成果がもたらされます。学習集団の状態は，子どもたちの学習の成果を左右するのです。

　日本の学校での学習集団は，そのまま学級集団となります。子どもたちの学習の成果を高めるためには，建設的な相互作用が活性化するような状態の学級集団の形成が不可欠です。本章では，子どもたちの学習と学級集団づくりについて考えてみましょう。

1. 学級集団とは

 日本の学校教育は、教科教育とともに、特別活動を中心とした教科外活動も教育課程に含め、人格の完成を目的にしています。そして、目的を果たすための教育活動が、具体的に展開される場が**学級集団**です。

 学級集団は学習活動だけではなく、特別活動が展開される場でもあります。つまり、知識や技能などの獲得をめざす教科学習の場であるだけではなく、子ども同士のかかわり合いを通した、生活活動や行事などの学級生活を通した**人格形成**の場でもあるのです。

 学級集団は、教員という成人をリーダーとし、同年齢の子どもたちで組織される、メンバーが最低一年間固定される閉鎖集団です。

(1) **学級経営**

 「学級経営学」という体系化された研究領域は現在まで確立されてはいませんが、日本の教員たちが用いる「学級経営」という言葉には、子どもへの授業の実施を含め、子ども個々の生徒指導、教育相談、進路指導のすべてを担当し、子どもたちに関係づくりをさせながら相互交流を促して集団として組織化し、学び合う・支え合うシステムを形成し、子どもに一定レベルの学習内容を定着させる、社会性やコミュニケーション能力、道徳性や発達段階に見合った心理社会的な発達を促していくという、教員が行うべきすべての対応が含まれています（**右図**）。

 学級経営は、学習指導と生徒指導とオーバーラップしている面がとても多く、教員はこれらの複数の対応を関連づけて一貫性をもたせていくことが求められます。ここに教員の教育実践における一つの専門性があり、むずかしさがあるといえます。

(2) **学級集団づくり**

 学級経営の第一歩が、**学級集団づくり**です。

 学級集団と一概に呼ばれることが多いのですが、学級は最初から学級集団になっているわけではありません。集団とは単なる人々の集まりではなく、集まった人々の中に「共有する行動様式」、いわゆる対人関係や集団として動く際のマナーやルールを共有する人々の集まりなのです。

 今日の学級経営においては、まずこの学級集団づくりがむずかしいので

す。学級に集まった子どもが，共有する最低限の行動様式を身につけていないことで，教員が子どもたちを，集団として活動させることがむずかしいのです。

したがって，教員は教育課程で定められた授業や活動を展開させながら，学級に集まった子どもに対して，①学級活動に参加させるための基本的な「共有する行動様式」を身につけさせること，同時に，②子ども同士が親和的で建設的な人間関係を形成できるようにすることを水面下で取り組んでいく必要があります。これが，現実的な学級集団づくりの指針です。

①と②が徐々に確立されてくると，学級は集団として成立していきます。さらに，子どもたちが①と②に自発的・能動的に取り組むようになると，学級集団が集団として成熟し，学級集団は教育力のある場となるのです。

教育力のある学級集団は，所属する子ども一人一人にとっての居場所となり，子どもの心理社会的な発達を促進します。例えば，日々の学級生活の中で相互に学び合って社会性を身につけることができる，親和的な人間関係の中で自分を対象化する作用が生まれ，自己の確立を促進することができる，などです。

教員の学級経営の目標は，①教育力のある学級集団の育成をすること，②その学級集団での活動や生活を通して子ども一人一人の心理社会的な発達を促進すること，です。このような学級経営が，学校教育の目的を具現化するのです。

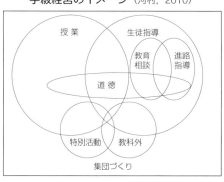

学級経営のイメージ (河村，2010)

第13章 学級集団づくり

2. 学級風土

　学級集団は，最低1年間，固定されたメンバーと担任教員で構成されます。そこには，子ども同士の相互作用，インフォーマルな小集団の分化，子どもと教員との関係などによる特有の雰囲気が現出していきます。このような学級全体のもつ雰囲気を**学級風土**といいます。

　一般に，組織風土とは，組織や職場の日々の行動に関して，明示的または黙示的に存在している「べし，べからず」といった規則，集団規範のことであり，メンバーはその影響を受け，その集団特有の考え方や行動を意識的・無意識的に身につけていきます。学級集団についても同様であり，子どもは，意識する・しないにかかわらず，学級風土に大きな影響を受けていくのです。

　学級活動が展開されるうえで，その土壌となる学級集団の状態は，学級風土の視点からみると，**支持的風土**と**防衛的風土**との2つに分けられます（表）。前者が理想です。支持的風土をもつ学級集団の中で，子どもはさまざまな学級活動を相互に協同的に取り組むことを通して，自律，協力，自主性，リーダーシップなどの資質が育成され，人格形成につながっていくのです。

支持的風土と防衛的風土

支持的風土の特徴	防衛的風土の特徴
①級友との間に信頼感がある	❶級友との間に不信感がある
②率直にものが言える雰囲気がある	❷攻撃的でとげとげしい雰囲気がある
③組織として寛容さがあり相互扶助がみられる	❸組織として統制と服従が強調されている
④他の集団に対して敵意が少ない	❹戦闘的で地位や権力への関心が強い
⑤目的追究に対して自発性が尊重される	❺目的追究に操作と策略が多い
⑥学級活動に積極的な参加がみられ，自発的に仕事をする	❻小グループ間に対立，競争関係がある
⑦多様な自己評価が行われる	❼保守的で他律性が強い
⑧協同と調和が尊重される	
⑨創造的な思考と自律性が尊重される	

3．準拠集団

　子どもにとって学級集団とは，最初は，自らの意思とは無関係に決められた教員と他の子どもたちとで構成される単なる**所属集団**です。ですから，学級集団は，そもそも時間の経過とともに子どもの間に防衛的風土が広がりやすいものです。

　支持的風土のある学級集団にするためには，学級集団が子どもにとっての**準拠集団**となるようにしていくことが必要です。

　準拠集団とは，日常生活を営む個人に，物事を判断する準拠枠を与える集団です。個人がある集団に愛着や親しみを感じるなどの心理的に結びつきをもち，自らその集団に積極的にコミットしたいと考えるようになると，結果として個人が信念・態度・価値を決定する場合や行動指針を求める場合などに，判断の根拠をその集団に求めるようになるのです。

　別の言い方をすれば，個人は愛着や尊敬の念をもつ人や集団に**同一化**して「そのような人（人々）と同じようになりたい」と欲し，その人（人々）の行動や考え方をモデリングする傾向があります。この作用が学習成立の第一歩となるのです。

　したがって，学校や教員が教育を展開していくうえでは，支持的風土のある学級集団が準拠集団となっている状態をつくることが，子どもたちの教育の効果にとって大きな意味をもちます。

　子どもたちは自分が所属している学級集団において，その風土に同一化している級友たちと相互にかかわりながら活動していく中で，子どもたちは準拠集団である学級集団の中で大切にされている価値観や行動の仕方を徐々に自然と身につけていくのです。このことは，授業を中心とする教科の学習においても，影響を及ぼします。学級集団づくりと子ども個々の人間育成は表裏一体であり，同時進行で育成されていく，というのはまさにこのことを表しているのです。

　個の形成と集団の形成，個性の形成と社会性の形成，これらは一見対立するもののようにみえますが，個と集団は相即不離な関係にあります。個を生かすには個を大切にする集団が必要です。個を大切にする集団の中でこそ，個性も社会性も育成されていくのです。

第13章　学級集団づくり

4. 学級集団の発達過程

　学級集団は，子ども同士の相互作用，集団の分化，集団機能の変化などにより，様相が変化します。それが**学級集団の発達過程**です。

　河村（2012）は，学校教育現場の学級集団を複数年にわたって調査した中で，子どもの学級生活の満足度と学力の定着度が高く，協同的で自主的な子どもの活動が成立した複数の学級集団を抽出し，学級集団がそのような状態にいたるプロセスを，特徴あるまとまりで分類し，学級集団の発達過程を明らかにしました（**表**）。

　最も教育力が高い学級集団の状態は，学級集団の発達過程では第5段階の「自治的集団成立期」に該当します。学級集団の発達過程を**右頁の上図**に示しました。

　また，学級集団は常にプラスの方向に発達すると限りません。マイナスの方向に退行する場合も少なくありません。退行した学級集団の状態が行きつく先が「学級崩壊」という現象です。学校での教育活動が不全状態に陥ってしまうのです。学級集団の退行過程を**右頁の下図**に示しました。学級崩壊については後述します（P.176参照）。

学級集団の発達過程

第1段階： 混沌・緊張期	学級編成直後の段階で，子ども同士に交流が少なく，学級のルールも定着しておらず，一人一人がバラバラの状態である。
第2段階： 小集団成立期	学級のルールが徐々に意識され始め，子ども同士の交流も活性化してくるが，その広がりは気心の知れた小集団内に留まっている状態である。
第3段階： 中集団成立期	学級のルールがかなり定着し，小集団同士のぶつかり合いの後に一定の安定に達すると，指導力のあるリーダーがいる小集団などが中心となって，複数の小集団が連携できる。学級の半数の子どもたちが一緒に行動できる状態である。
第4段階： 全体集団成立期	学級のルールが子どもたちにほぼ定着し，学級全体の流れに反する一部の子どもや小集団ともある程度の折り合いがつき，子どもたちのほぼ全員で行動できる状態である。
第5段階： 自治的集団成立期	学級のルールが子どもたちに内在化され，生活や行動が温和な雰囲気の中で展開され，子どもたちは自他の成長のために協力できる状態である。

学級集団の発達過程と学級の様子

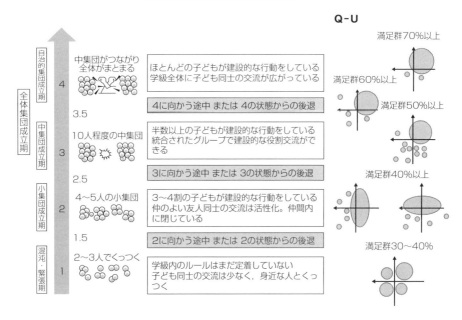

学級集団の退行過程と学級の様子

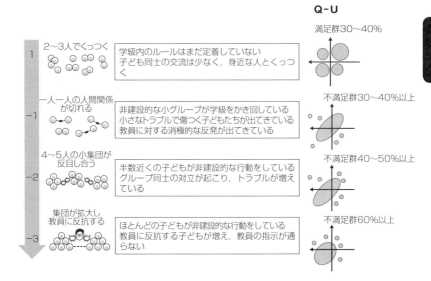

第13章 学級集団づくり

5. 教育力をもつ学級集団の構造

　学級集団は，さまざまな学級活動が展開される土壌です。ですから，子どもに多くの学びをもたらす，建設的な相互作用が生起するような，支持的風土や準拠集団化，自治的な状態が求められます。この状態にある学級集団は，**教育力のある学級集団**といわれます。
　教育力のある学級集団では，下のような構造があります。

理想の学級集団の構造 (河村, 2010)

(A) 個人の士気と同時に集団士気が高まっている	
(B) 集団生産性が高まる取り組み方法・共同体制・自治体制が確立している	
↑↓	
(C) 集団斉一性が高い　　←→	(F) PM機能が子どもたちから強く発揮されている
(D) 子どもたちの自己開示性，愛他性が高い　　←→	(G) (F)を強化する集団圧が高まっている
(E) 集団凝集性が高まっている	
↑↓	
(H) 集団同一視が強まっている	教員・子ども同士・学級集団自体

教育力のある学級集団のキーワード

(1) 士気と集団士気
　目標に意義を認めたうえで，目標達成に対して示される意欲の程度を士気（モラール）といいます。集団士気が高いとは，学級の子どもたちが学級集団の共通の目標達成に対して意欲が高まっている状態です。

(2) 集団斉一性
　集団斉一性とは，学級集団に所属する子ども同士に生じる意見や行動の一致の程度です。教育力のある学級集団は，一致度がとても高くなっています。その背景には，①集団規範が多くの領域で共有されている，②ルーティンの行動が多くみられる，の2点があります。
　集団規範（社会規範）とは，明文化されたきまり・学校の校則ではなく，学級集団の中でほとんどの子どもが共有している判断の枠組みです。集団規範によって，同じような考え方や行動の仕方が生まれてくるのです。ル

ーティンの行動が多くみられるとは，授業での行動や態度（挙手，発表の仕方，グループ学習の進め方など），学級でのやり方が定型化され，それが子どもに浸透して，教員が指示しなくても子どもたち自身で動いている状態です。

⑶ 自己開示性と愛他性

自己開示とは，自分の思いや考えを率直に語ることをいいます。学級内では本音や感情が表出されることがとても多いものです。愛他性とは，外的な報酬を期待することなしに（例えば，その都度教員に褒められなくても）他者を助けようとしたりする傾向のことです。教育力のある学級集団では，愛他性にもとづく行動が学級内で多くみられるので，子どもたちは素直に自己開示できるのです。

⑷ 集団凝集性

学級集団に対して子どもが魅力を感じ，自発的に集団に留まろうする程度を凝集性といいます。教育力のある学級集団ではとても高まっています。外からみると，集団としてまとまっていると感じられる状態です。

⑸ 集団機能・PM機能

集団機能とは，集団の崩壊を防ぎ，存続と結束を強化促進する機能です。学習指導や生徒指導の遂行に関する機能「集団達成機能・P機能」と，好ましい人間関係を育成し，子どもの情緒の安定を促したり，学級集団自体を親和的にまとめたりする機能「集団維持機能・M機能」があります。教員のリーダーシップ行動の要素であるPM機能が，子どもからも強く発生されると，自己管理ができるのです。

⑹ 集団圧

集団圧とは，集団が子ども個々の行動や考え方を拘束する力です。集団圧が高いと，学級集団の共通の目標に向かって努力すること，集団基準に同調し，集団斉一性を高めることが自ずと要求されるのです。

⑺ 集団同一視

集団同一視とは，学級集団の利害と自己の利害が一致していると感じることです。教育力のある学級集団では，一致度が高くなっています。したがって，学級集団のためにすることは自分のためでもあり，担任教員，子ども同士は利害を超えた仲間，準家族に近い状態になっています。学級集団自体への同一視もあり，子どもたちは自分の学級集団に誇りや愛着を感じている状態です。

第13章　学級集団づくり

6. ソシオメトリック・テスト

ソシオメトリック・テストは，モレノ（Moreno,J.L.）が考案した集団内の人間関係を把握するための質問紙です。

テストの方法は，選択・排斥の基準となる具体的な場面（例えば，席がえでだれの隣に座りたいかなど）を示し，該当する学級内の者の名前を上げさせるものです。テストの結果は，ソシオマトリックスといわれる図に集約して整理します。さらに，ソシオグラム（**図**）という集団構造を視覚化した図を作成して，学級集団内の個人の地位や仲間関係や下位集団の存在を読み取ります。

このように，ソシオメトリック・テストには，学級集団内の非公式な仲間関係について理解しやすいというメリットがあります。また，ソシオマトリックスからは，多くの者から支持される人気児や多くの者から拒否される排斥児，支持も拒否もほとんど受けない孤立児などを読み取ることもできます。さらに，相互選択や相互排斥，選択排斥などの子どもの感情的な結びつきがひと目でわかるので，学級集団内における下位集団の構造を理解するのに役立つのです。

ただし，友人の選択排斥を問うことは教育的に好ましくないという考えもあり，ソシオメトリック・テストの実施については十分な配慮と慎重さが求められます。

学級集団のソシオグラムの例

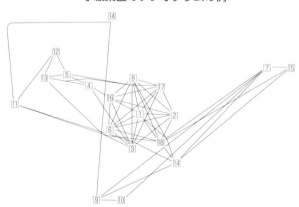

7. Q-U

　Q-U（Questionnaire - Utilities）は，子どもたちの学校生活の満足感を調べる質問紙です。標準化された心理検査であり，「学級満足度尺度」と「学校生活意欲尺度」という2つの尺度で構成されています。

(1) 学級満足度尺度

　学級満足度尺度には，子どもが学校生活において満足感や充実感を感じているか，自分の存在や行動をクラスメートや教員から承認されているか否かに関連している**承認得点**と，不適応感やいじめ・冷やかしの被害の有無と関連している**被侵害得点**があります。

　子ども個人の得点の状況を全国平均値と比較して，4つの群に分類して，その子の学級生活における満足感を理解します。

①学級生活満足群：承認得点高く，被侵害得点が低い
　不適応感やトラブルが少なく，学級生活・活動に意欲的に取り組んでいる子ども

②非承認群：承認得点が低く，被侵害得点も低い
　不適応感やいじめ被害を受けている可能性は低いが，学級集団内で認められることが少なく，自主的に活動することが少ない子ども

③侵害行為認知群：承認得点が高く，被侵害得点も高い
　自主的に活動しているが，自己中心的な面があり対人関係でトラブルを抱えている可能性の高い子どもや，ネガティブなモニタリングをする傾向の強い子ども

④学級生活不満足群：承認得点が低く，被侵害が高い
　いじめや悪ふざけを受けている，不適応になっている可能性の高い子どもや，学級の中で自分の居場所を見出せないでいる子ども

　Q-Uで分類された4つのタイプからは，子どもたちがどんな援助ニーズをもっているかの目安を得ることができます。一般的に，不満足群の子どもが3次支援レベル（問題行動が表出しており，学級集団内で自律して生活や活動ができない状態で，個別に支援が求められるレベル）が想定され，非承認群と侵害行為認知群の子どもは2次支援レベル（問題行動は表

出してはいないが，内面に問題を抱えていたり，不適応感も高まっていて，一斉指導や全体の活動の中で個別配慮が常に必要なレベル）が想定されます。

また学級満足度尺度は，「承認得点」と「被侵害得点」の2軸を交差して，学級集団のすべての子どもの得点の分布によって学級集団の状態を類型化します。被侵害得点の分布は学級集団内の**ルールの共有**と，承認感得点の分布は学級集団内の**親和的な人間関係の確立**と対応します（**図**）。

学級満足度尺度のプロット図

(2)学級生活意欲尺度

学級生活意欲尺度は，子どもたちの学校生活における意欲をアセスメントする尺度です。調査する領域は，「友達関係」「学習意欲」「学級との関係」「教師との関係」「進路意識」（小学生版は前3つのみ）です。

学校生活意欲尺度の結果からは，子どもたちが意欲的に学校生活を送るために，教員が優先的に支援したい領域について，対応のヒントを得ることができます。

8. 学級活動と満足の法則

　子どもの自主的な取り組みがめざされている学級活動ですが、最初は教員から指示された、やらされている活動がほとんどです。ただし、取り組んでいるうちに楽しくなり、満足感をもって終わった場合は、その後、子どもはその取り組んだ活動に自発的に取り組むようになるのです。

　したがって、授業や学級活動は、子どもにとって満足感や楽しさを伴って終わるように展開することが肝要となります。それが、**ソーンダイク（Thorndike,E.L.）**が提起した**効果の法則**です。

　生体はさまざまな行動（オペラント）を自発します。何らかの見通しのもとに行っているわけではなくても、偶然の成功を伴う試行錯誤ではあっても学習過程であることには変わりなく（試行錯誤学習）、学習が満足をもたらした場合、行動変容が生起します。これが効果の法則です。

効果の法則

①満足の法則	満足をもたらす反応は結合を強くし、起こりやすくなる （満足すると、満足した直前にやったことを何度も繰り返すようになる）
②不満足の法則	不快をもたらす反応は結合を弱くし、起こりにくくなる （直後に不快なことがあると、その行動は状況との結合力が弱まり、起こりにくくなる）
③強度の法則	満足や不快の程度が強いほど、結合力は大きくなる

　試行錯誤学習は、刺激（S：Stimulus）と反応（R：Response）が結合することで学習が生じると考える連合学習（S-R理論）の一種です。試行錯誤という考え方は、**スキナー（Skinner,B.F.）**が提起した**オペラント条件づけ（道具的条件づけ）**の知的基盤となりました。現在では、反応に随伴して褒美などの強化刺激（強化子）を与える手続きを**強化**と呼びます。

　オペラント条件づけの原理は、人は行動した後で満足感などの快刺激を獲得すると、その後自発的な行動が増えるということです。つまり、子どもの自発性や創造性を育成するためには、満足感が得られる協同的な学級活動がとても有効なのです。

Tips 学級集団に起因する問題 ― 不登校 ―

　文部科学省は，**不登校**の子どもを「何らかの心理的，情緒的，身体的あるいは社会的要因・背景により，登校しない，あるいはしたくともできない状況にあるため年間30日以上欠席した者のうち，病気や経済的な理由による者を除いたもの」と定義しています。不登校の小学生は1991（平成3）年以降の統計で初めて3万人を超え，中学生は1991（平成21）年度以降，ずっと10万人の大台を越えています（**図**）。

　不登校の子どもは「学校」不適応とカテゴライズされますが，実はその多くが「学級」不適応と考えられます。学校生活において学級集団は，子どもが日常的に所属しなければならない集団だからです。

　そして，不登校になった要因として最も多いのが，いじめられてはいないが，何となくクラスに入りにくい，仲のよい友人がいないという「いじめを除く友人関係をめぐる問題」です。これはまさに学級集団の状態にかかわる問題です。学級集団の状態が**支持的風土**になっておらず，学級集団に親和的な人間関係が形成されていないのです。子どもは**ストレス**が高まり，**ソーシャルサポート**（社会的関係の中でやりとりされる支援）が低下し，そこにトラブルなどのきっかけ要因が発生すると，不登校行動にいたる可能性が高まるのです。

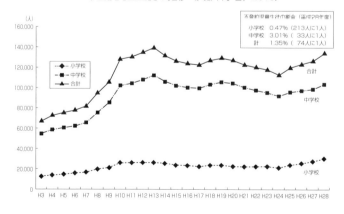

不登校児童生徒の推移（文部科学省，2018）

Tips　学級集団に起因する問題―いじめ―

　2013（平成25）年，「**いじめ防止対策推進法**」が施行されました。学校や教育委員会に，実効性のある具体的かつ組織的ないじめ問題の対応を求めたものです。

　文部科学省が実施する調査のいじめの定義は，「児童生徒に対して，当該児童生徒が在籍する学校に在籍している等当該児童生徒と一定の人的関係のある他の児童生徒が行う心理的又は物理的な影響を与える行為（インターネットを通じて行われるものを含む）であって，当該行為の対象となった児童生徒が心身の苦痛を感じているもの」とされています。

　人は欲求不満が高まると攻撃行動が喚起されます（**欲求不満-攻撃仮説**）。いじめの加害者の子どもは欲求不満が高まっていることが想定されます。さらに，メンバーの構成が固定されて外に閉じている**閉鎖集団**は，集団内に人間関係の軋轢が生じやすく，メンバーの欲求不満が高まりやすいことが知られています。

　要するに，日本の学級集団は，所属するメンバーが一定期間固定されているため閉鎖集団になりやすく，子ども個々の欲求不満が高まると，他の子どもを攻撃するなどの非建設的な行動が増加し，いじめを誘発しやすいのです。したがって，学校のいじめ問題を考えるとき，学級集団の状態はとても大きな影響要因です。教員の学級経営・学級集団づくりのあり方は，いじめの問題に大きな意味をもつのです（**図**）。

学級タイプ別のいじめの出現率　（河村，2007）

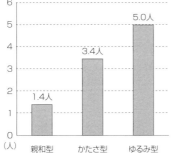
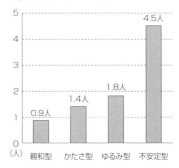

Column 学級崩壊の実際

　1990年代半ばごろ，授業や学級活動が成立しない，**学級崩壊**の問題が一斉にマスコミに取り上げられ社会問題となりました。

　文部省（当時）は「学級がうまく機能しない状況」を，「子どもたちが教室内で勝手な行動をして教師の指導に従わず，授業が成立しないなど，集団教育という学校の機能が成立しない学級の状態が一定期間継続し，学級担任による通常の手法では問題解決ができない状態に立ち入っている場合」と定義して，実態把握を行ったうえで，学級崩壊の代表的な10のケースの報告と対策を示しました。しかし，学級崩壊については，現在も学級集団発達の視点での解明にはいたっていません。

　このような中で，全国連合小学校長会（2006）は，学級崩壊の状態にある学級は，小学校の8.9％にのぼっていることを報告しました。学級崩壊が存在しているという事実は，それ自体が「学級」を一つの単位として集団教育する日本の学校教育において，教育活動の基盤を揺るがす問題といえるのです。

　1990年代に入り，文部省は，不登校は「どの子にもおこる可能性がある」という認識を示しました。その背景として，現代の子どもが他者とかかわること，集団生活を送ることにむずかしさがあることが，一般的傾向として社会的に認識されるようになったことがあります。子どもが学級という枠の中に30～40人集められたからといって，集団として成立し，一斉授業や全体活動を従来のように展開するのは最初からむずかしいといえます。「不登校がどの子にもおこる可能性がある」のならば，「学級崩壊はどの学級集団でもおこる」といえるのです。

　したがって，教員は，学級集団に子どもをどのように適応させるのか，という発想をもつだけでは不十分です。子どもたちが学級集団の中で級友とかかわり，学級集団の一員として集団形成・生活にかかわるための，意欲とスキルを教育していく必要があるのです。

　このとき，教員は教育実践をしながら，子どもとともに，計画的に学級集団づくりをしていくことになるのです。このプロセス自体が協同学習となっていくのです。

【第Ⅲ部　学習の心理とは】
第14章
学習評価

　教育実践の成果を向上させるために，子どもの実態に関する調査や各種データなどにもとづき，教育課程を編成し，実施し，評価して改善を図る一連のPDCAサイクルを確立することが期待されています。PDCAサイクルとは，Plan:計画→ Do:実行→ Check:評価→ Act:改善の4段階を繰り返すことによって，教育実践を継続的に改善することをめざすものです。特に，計画と実行に評価が伴うことにより，教育実践はチェック機能が働き，適切に展開されていくのです。本章では，子どもの主体的学習を支える学習評価のあり方について考えてみましょう。

1．教育評価の目的

　教育評価の目的は，立場やかかわり方により，おもに4つに分かれます。
①指導目的の評価は教員が指導計画や指導方法を検討するためのものです。
②学習目的の評価は学習者が学習活動の自己調整をするためのものです。
③管理目的の評価は入学者選抜や学級編成を行うためのものです。
④研究目的の評価は指導方法や教材の研究開発をするためのものです。
　評価とは，事物や事象の価値を，ある目的や要求との関連で測ることです。つまり，評価は追求する目標に応じて価値基準が変動します。評価は目標追求過程の一部分であり，教育評価は，よりよい指導につなげるために行うものです。
　評価を行うには，「何を評価するか」という質的な判断の根拠と，「目標に対してどの程度であるか」という量的な判断の根拠の2つが必要です。前者を**規準**（criterion）といい，後者を**基準**（standard）といいます。なお，規準と基準の両方を含めていう場合は，**評価基準**の用語を用います。
　現在のわが国の教育評価は，第2次世界大戦後，アメリカ教育使節団の指導を受けて形作られ，「指導要録」が導入されました。指導要録は，学校教育法施行規則で校長に作成と保存が義務づけられている公的な表簿で，「学籍に関する記録」と「指導に関する記録」の2つから構成されます。前者は子どもの在籍を証明する事項（生年月日，入学・卒業年月日など）が記載され，後者は「各教科の学習の記録」「総合的な学習の時間の記録」「特別活動の記録」「行動の記録」「総合所見及び指導上参考となる諸事項」「出欠の記録」などから構成されます。
　「学習の記録」の評価のあり方は，時代の変化とともに，相対評価重視から絶対評価重視へ，成績評定のための評価から学習指導に活かす評価へ，自己評価や個人内評価の重視へと推移していきました。以下にさまざまな評価方法について概要を説明します。

(1)絶対評価
　絶対評価とは，目標をあらかじめ設定し，どこまで到達したかを示す評価方法です。学習評価の場合，評価の規準には教育目標を，評価の基準には正答率がよく用いられされます。

第2次世界大戦までの絶対評価は，評価者の主観的なもの（例えば，優・良・可・不可と評定する）が中心でしたが，絶対評価の客観性を追求する試みが広がり，**ブルーム（Bloom,B.S.）** らは学力を，「認知的領域」「情意的領域」「精神運動的領域」と大きく分け，さらに各領域の下に下位概念を分類してました。

　わが国では戦後からしばらくは，客観性を重視する相対評価が重視されていました。しかし，子どもの「個性化教育」を推進する風潮が高まり，2001（平成13）年の改訂で，指導要録の評定の評価方法も，観点別学習状況の評価を総括する形で絶対評価で行われることになりました。

　絶対評価の表記に関しては，戦前の日本の絶対評価と混同しないために，文部科学省が発行する資料では，「目標に準拠した評価（いわゆる絶対評価）」と表記されています。

(2) 相対評価

　相対評価とは，ある個人が自分の所属する集団の中で，どのような位置づけにあるかという相対的位置を示す評価方法です。測定には，集団の代表値とそこからの距離を用います。例えば，標準学力検査は，全国の同一学年の母集団を代表する標本集団の成績分布をとります。

　偏差値は集団の平均値と標準偏差をもとに算出されるもので，集団に準拠した代表的な測定値です。相対評価は集団内の順位づけに適していること，客観的な評価が得示せることが特徴で，入学試験などに活用されています。ただし，自分がどの程度目標を実現しているかの把握には適しません。

(3) 個人内評価

　個人内評価とは，評価の基準を一人一人の子どもにおく評価です。個人内評価には2つの側面があり，一つは対象の子どもが以前と比べてどれくらい進歩したのかをみる縦断的個人内評価です。もう一つは，どの教科が得意でどの教科が不得手かという個人の特徴を比較してみる横断的個人内評価です。

(4) 自己評価

　自己評価とは，学習者自身による振り返りです。学習者が自分の理解の程度を認識して改善・調整することで，学習意欲を高め理解を深めることに役立ちます。ただし，評価者と被評価者が同一人であるものであり，主観的な評価になりやすい点は注意が必要です。

2. 教育評価の考え方

　教育の評価は，評価する時期によってねらいが少しずつ異なります。評価を行う時期として，おもに次の3つがあります。
①事前評価：授業や単元の指導に先立って行う評価
　目的：これから実施される子どもの学習活動に必要な知識や技能の準備
　　　状態（**レディネス**）を，指導者が把握し，学習活動の展開の工夫に
　　　活用するための評価です。子どもにとっては，新しい内容の学習に
　　　必要な事項の点検にもなります。
②事中評価：授業や単元の途中で行う評価
　目的：指導者が，自らが実施した授業がどの程度，学習者に理解されて
　　　いるかを把握し，展開中の授業の改善を図るための評価です。学習者に
　　　とっては，何が理解できて，何ができていないかを把握することがで
　　　きます。小テストや行動観察，作品やノートなど，さまざまな評価用
　　　具が活用され，「授業課程の評価」と呼ばれる場合もあります。
③事後評価：授業や単元の後，あるいは学期末や学年末などの年間学習活
　　　　　　動の節目の時期に，それまでの学習内容の習得状況をみるため
　　　　　　に行う評価
　目的：計画段階の目標がどの程度達成されているか，その実現の状況を
　　　明らかにし，指導計画や指導法を改善したり，成績の決定や単位の
　　　認定をするための評価です。学習者にとっても，達成目標に対して
　　　どの程度習得できたかを把握できるというメリットがあります。
　ブルーム（Bloom, B.S.）は，完全習得学習（mastery learning）理論を展開する中で，評価の目的と時期の違いによって，評価の名称を次のように区別しました。
　　①**診断的評価**（diagnostic evaluation）——事前評価
　　②**形成的評価**（formative evaluation）——事中評価
　　③**総括的評価**（summative evaluation）——事後評価
　従来，教育現場には総括的評価に偏りがちという実態が見られましたが，近年は評価の「学習場面でのフィードバックに生かす」という側面がますます注目され，形成的評価の研究も盛んになっています。

3. 教育評価の歴史 ― 測定から評価へ ―

19世紀までの試験は論述試験であり，採点に主観が伴いました。20世紀初頭，**ソーンダイク（Thorndike,E.L.）**らにより**教育測定運動**が起こり，客観的な測定方法として，多数の学力テストや知能テストが作成されました。教育測定運動の基本的な考え方は，「教育に関する事象（知能，学力，教育目標等）は，すべて量として表現できる」というもので，測定とは，「一定の規則に従って，観察された事象に対し数量を付与する操作」と定義されます。

1930年代に入ると，知識や概念の注入，教条主義的で学力重視の「伝統主義教育」を批判し，児童中心主義的で経験や実験を重視する，**デューイ (Dewey, J.)** たちが主導したアメリカにおける新教育運動「**進歩主義教育**」が台頭しました。そして，数量的測定に偏りがちであった当時の教育測定を批判して，教育目標に関連づけてその達成度を評価すべきであるとしました。

また，アメリカ進歩主義協会が行った，新教育による高校教育と伝統的な高校教育のどちらかが優れているかを実験的に解明しようとした**8年研究**（1933 - 1940）は，教育評価の発展に重大な影響を与えました。一つは多様な能力を測定する評価方法が開発されたこと，もう一つは，教育方法を具体化して修得の程度を確かめるテスト法（形成テスト）を開発したことです。以降，教育測定運動は，教育評価運動という大きな流れへと吸収されていきました。

日本では，第2次世界大戦後に，アメリカ教育使節団により民主主義にもとづく新教育の考えや教育課程などとともに，評価の概念も導入されました。その結果，それまでの教員の主観に頼った評価から，知能テスト，標準化テスト，客観テストが盛んに開発され，活用されるようになりました。

さらに1990年代からは，現実生活で実際に何ができるかを評価しようとする**オーセンティック評価**（実際に評価したいものをやらせてみてその達成方法，達成度からその能力を評価する）や，学習成果の収録集による**ポートフォリオ評価**が注目されてきています。

4. ポートフォリオ評価

　ポートフォリオとは紙挟みや書類を入れる折りかばんを意味し，元来はデザイナーや写真家たちが自分の能力を表す業績を示すための作品をまとめたファイルのことをさしましたが，学校教育における**ポートフォリオ**とは，子どもが授業中に作成した作品，作文，調べ学習のレポート，テストの答案用紙などと，それに対する教員のコメントまで，子どもの学習の足跡を示す資料を集めたファイルのことをいいます。

　子どもは各自のポートフォリオをもとに，教員とともに教育目標や評価基準を共有しながら，対話を通して自分の学習を振り返り，学習した意味や意義ある成果を確認したり，新しい課題を見出していきます。教員も，個々の子どもに対して，より有効な指導の方針や方法を把握することができます。この手法を，**ポートフォリオ評価**と呼びます。

　さらに近年では，ポートフォリオ評価を行う際に，**ルーブリック**と呼ばれる評価基準を用いて，絶対評価が行われています。ルーブリックとは，目標に準拠した評価のための「基準」つくりの方法論であり，学習者が何を学習するのかを示す具体的な到達目標（観点）と，学習者が到達している学習レベルを示す具体的な達成水準・基準（尺度）を，マトリクス形式で示す評価指標です（**表**）。

　ルーブリックがあると，達成状況と評価が明確になり，子どもが自分の学習の成果を自己評価する際に客観性が高くなります。授業や単元が始まる前にルーブリックを確認させ，これから行う授業で何ができるようになったら評価が高くなるのかを意識させることは，学習へのねらいをもたせ，意欲を高めることにつながります。

ルーブリックの例

内容／レベル	4	3	2	1
文章力	文章の構成がよく，句読点など表記のルールに沿って書けている	文章の構成はよいが，表記ミスが見られる	表記のルールに沿っているが，構成に課題がある	文章の構成と句読点など表記のルールに課題がある

5．アンダーアチーバー・オーバーアチーバー

　学習は日常生活のあらゆる場面で生じます。その学習によって獲得された能力は**学力**とされます。学力は，広義には，認識能力や表現能力，さまざまな社会的能力など，多面的に捉えられ，狭義には，学校教育の場において，教授─学習活動によって形成される能力と定義されます。

　いっぽう，心理学領域では，標準学力検査などで測定された結果を学力として扱います。

　標準学力検査とは，教育目標に応じたテスト項目が作成された，標準化の作業を経た学力テストのことです。**標準化**とは，予備調査で信頼性と妥当性の確認，テストの実施手続きと結果の解釈の仕方を定型化する作業のことです。標準化は，だれが実施しても同様の結果が算出することをめざしており，評価の客観性を高める手続きです。

　また，知能と学力には高い相関が認められています。学力と知能の関連において，知能水準から期待される以上の学力を示す状態の子どもを**オーバーアチーバー**（overachiever），期待される学力を下回る状態の子どもを**アンダーアチーバー**（underachiever）といいます。

　アンダーアチーバーの状態にある子どもは，学業不振児とも呼ばれます。アンダーアチーバーの状態にある子どもの指導にあたっては，その原因や学習のどの部分につまずきがあるのか，他にどのような問題を抱えているのかを，包括的にアセスメントする必要があります。

　アセスメントの手順は以下となります。

学業不振要因のアセスメント

①一次要因──学習や指導にかかわる問題
　学習活動の不足，基礎学力や学習習慣の欠如，不適切な教授法など
②二次要因──心理的な問題
　学習への態度の問題，学級不適応，親・教員・友人との関係の悪さなど
③三次要因──器質的な問題
　知的障害，発達障害，学習障害，器質的な問題からくる行動など
※以上を，③⇒②⇒①の流れで進める。

6. 教育統計（データの代表値と散布度）

　データは多数の観測値の集まりで，ある中心的な値の周囲に集中する傾向があります。この中心的位置を示すのが**代表値**（データの分布の様子を1つの値に代表させたもの）であり，おもなものに平均値があります。観測値の散らばりの度合いを示すのが**散布度**で，おもなものに標準偏差があります。

　平均値はすべてのデータの値を加えて度数（データの個数）で割ったものであり，代表値として最もよく使用されます。他の代表値として，最も度数の多いデータの値の最頻値，データの値を大きい順に並べた場合に中央に位置する中央値があります。

　標準偏差（SD）は，分布の代表値を平均値（M）としたときの分布の散らばりの大きさを示す指標であり，各観測値が平均からどの程度離れているかを表すことができます。次の式で算出できます。

$$SD = \sqrt{\Sigma(X-M)^2 / N} \quad \text{Xは各観測値，Nは観測値の総個数}$$

　データを度数分布曲線に表した場合，自然現象の度数分布の多くは正規分布になることが知られています。そこで，大標本の平均値の統計には，正規分布が仮定されることが多いのです。正規分布は，平均値のところが最も高く，左右対称で釣鐘型をした分布形です。そして，平均が50，標準偏差が10の正規分布は**偏差値**を表す曲線です（**図**）。偏差値は次の式によって求めます。

偏差値 ＝（得点－平均点）／標準偏差 × 1 0 ＋ 5 0

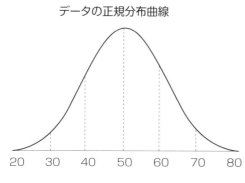

データの正規分布曲線

　わたしたちの生活では，偏差値は入学試験の合否予測などで活用されています。受験者全体の中での受験者個人の相対的位置を簡便に知ることができるからです。

7. 統計的仮説検定（帰無仮説・t検定・分散分析）

　ある学級の学力テストのクラス平均値が72点から78点となった場合，この変化をもって即，学力が向上したと判断してよいでしょうか。その変化は意味のある変化か（例えば，教育実践の成果があったなど），誤差の範囲なのか，**統計的仮説検定**はこの点を明らかにするものです。**有意差検定**ともいいます。

　統計的仮説検定は，対立仮説を証明するために，帰無仮説を設定して否定する，という方法を取ります。

　手続きはまず，主張したい「差がある・効果がある」という内容の仮説（**対立仮説**）を立て，同時に，主張したい内容の反対の「差がない・効果がない」という内容の仮説（**帰無仮説**）を立てます。棄却されることを期待したものです。帰無仮説の棄却・採択を判断する基準となる確率として，心理学では5%か1%の値が利用され，これを**有意水準**といいます。例では，対立仮説＝72点から78点の変化は教育効果を主張できる，帰無仮説＝72点から78点の変化は誤差の範囲である・効果は主張できない，となります。

　そして，仮説の正否を判断するため，仮説に合った方法を用いて分析をします。学校教育で活用されるおもな分析方法は以下のものがあります。

① 2つのものを比較する：t検定

　2つのグループの平均値に差があるかどうかを確認する方法です。
・クラスの男子と女子で算数のテスト得点に差があるか？
・クラスの英語得点に関して，5月の得点と11月の得点に差があるか？

② 3つ以上のものを比較する：分散分析

　分散分析は以下の2つのタイプに分かれます。

②-1 同じ時点の3つ以上を比較する
・数学の期末テストの平均値が，1組は65点，2組は68点，3組は64点であった。クラス差はあるか？

②-2 n×mの条件で比較する
・英単語の試験前に1組は練習し，2組は何もしなかった。5月の結果は1組75点，2組71点，10月は1組73点，2組70点，2月は1組76点，2組72点，得点に影響を与えたのは練習の有無か，時間か？

第14章　学習評価

Tips 全国学力・学習状況調査

全国学力・学習状況調査は，国，教育委員会，学校のそれぞれに目的が掲げられて実施されています（**表上**）。

国，教育委員会，学校における調査の目的

国	教育委員会	学校
全国的な子どもの学力や学習状況を把握分析して，教育施策の改善・充実に生かす。	自治体や学校の学力の水準を検証し，教育委員会の施策の改善・充実に生かす。	個々の子どもの学習状況を把握して指導に生かすとともに，学校全体としての指導方法の検証，改善につなげる。

この調査は，2007（平成19）年度から開始され，現在では全国（国公私）の小学校第6学年，中学校第3学年の子どもを対象に，悉皆調査方式で行われています。2018（平成30）年4月17日（火）に調査を実施した学校数・児童生徒数は，次のとおりです（**表下**）。

調査対象および集計対象児童生徒・学校数

	小学校			中学校		
	対象学校数	実施学校数（実施率）	児童数	対象学校数	実施学校数（実施率）	生徒数
公立	19,433校	19,386校（99.8%）	1,030,031人	9,630校	9,597校（99.7%）	967,196人
国立	75校	75校（100%）	6,399人	80校	77校（96.3%）	9,988人
私立	225校	122校（54.2%）	6,990人	763校	366校（48.0%）	30,906人
合計	19,733校	19,583校（99.2%）	1,043,420人	10,473校	10,040校（95.9%）	1,008,090人

調査内容は，教科に関する調査，子どもに対する学習習慣・生活習慣に関する質問紙調査，学習環境等に関する学校質問紙調査の大きく3つに分かれます。教科に関する調査は，国語，算数，数学が実施（理科は3年に1度）されます。2019（平成31）年からは，中学校において英語が追加となり，「聞くこと」「読むこと」「書くこと」「話すこと」を問う問題が出題されます。

また，各教科の問題は，下表に示すように主として「知識」に関する問題，主として「活用」に関する問題の２つに分けられています（**表上**）。

問題の種類（知識・活用）とその特徴

	主として「知識」に関する問題（A）	主として「活用」に関する問題（B）
特徴	身につけておかなければ後の学年などの学習内容に影響を及ぼす内容 実生活において不可欠であり，常に活用できるようになっていることが望ましい知識・技能など	知識・技能などを実生活のさまざまな場面で活用する力 さまざまな課題解決のための構想を立て，実践し，評価・改善する力

　質問紙調査は，子どもと学校に対して実施されており，調査事項は以下のとおりです（**表中**）。

質問紙調査の種類と内容

	子どもに対する調査	学校に対する調査
内容	・学習意欲 ・学習方法 ・学習環境 ・生活の諸側面などに関する調査	・指導方法に関する取り組み ・人的・物的な教育条件の整備の状況 などに関する調査

　下表は，2016（平成28）年度から2018年度までの３年間の教科に関する調査の平均正答率と平均正答数の結果をまとめたものです。傾向としては，例年，応用力が問われるB問題の正答率が，基礎知識が問われるA問題の正答率を下回ることがあげられます（**表下**）。

教科ごとの調査結果（平均正答率・数）

	小学校					中学校				
	国語A	国語B	算数A	算数B	理科	国語A	国語B	算数A	算数B	理科
平成30年度	70.9% 8.5 /12問	54.8% 4.4 /8問	63.7% 8.9 /14問	51.7% 5.2 /10問	60.4% 9.7 /16問	76.4% 24.4 /32問	61.7% 5.6 /9問	66.6% 24.0 /36問	47.6% 6.7 /14問	66.5% 17.9 /27問
平成29年度	74.9% 11.2 /15問	57.6% 5.2 /9問	78.8% 11.8 /15問	46.2% 5.1 /11問	61.0% 14.6 /24問	77.8% 24.9 /32問	72.7% 6.5 /9問	65.2% 23.5 /36問	48.7% 7.3 /15問	53.5% 13.4 /25問
平成28年度	73.0% 11.0 /15問	58.0% 5.8 /10問	77.8% 12.4 /16問	47.4% 6.2 /13問		76.0% 25.1 /32問	67.1% 6.0 /9問	62.8% 22.6 /36問	44.8% 6.7 /15問	

注）理科については2015（平成27）年度実施のものを参考値として表示

開始から回を重ねるにつれて，公表されている都道府県別（政令市を含む）の平均正答率は，下位自治体の底上げが進み，上位との差が縮小しています。

　調査問題は，各設問の正答率や誤答の状況から課題を把握し，学習指導の改善・充実を図ることを目的としています。また，子ども一人一人の具体的な学習状況を把握できるよう，解答類型を設け，各設問の正答率だけでなく，一人一人の誤答状況から課題を把握できるようにしています。個々の子どものつまずきや学び残しがどこにあるのかを各設問の解答状況から見取ることが大切です。

　出題は，小学校が第5学年まで，中学校が第2学年までの既習内容とされています。調査結果から明らかになった課題は，当該の学年だけでなく，すべての学年において系統性をもたせた学習指導の改善・充実に生かしていくことが求められます。

　質問紙調査では，主体的・対話的で深い学びの視点からの授業改善に関する取り組み状況を問う「授業では，課題の解決に向けて，自分で考え，自分から（進んで）取り組むことができていると思いますか」という質問において，肯定的に回答した子どものほうが，平均正答率が高い傾向がみられました。「学級の友人（生徒）との間で話し合う活動を通じて，自分の考えを深めたり，広げたりすることができていると思いますか」という質問においても同様の傾向が見られました。**河村（2017）**はアクティブラーニングを通した子どもの学習が，より成果が上がるものとなるためには，学習集団／学級集団の状態や質が，いままで以上により大きな影響をもつことを指摘しています。つまり，教育方法や授業の改善とともに，それを効果的にする学級づくりも教員には求められているのです。

　2018（平成30）年度の調査から「学級別解答状況調査表（S-P表）」が導入されました。学級別解答状況調査表（S-P表）とは，調査結果を，学校や学級単位で，縦軸に児童生徒（S:Student），横軸に設問（P:Problem）の正答数の多い順に並べて記載したものです。各設問の概要や領域も併記してあるので，平均正答率だけでは見取ることがむずしい各学校や学級における傾向や課題を，より把握しやすくなりました。全国的な傾向との比較，重点的に指導すべきと考えられる設問が色別に示されており，学習指導の改善・充実に活用することができます。

Column　アセスメントに基づく指導

　教育現場でアセスメントを行うことの意義の一つに，その子がもてる力を十分に発揮させるための効果的な支援とは何か，教員が検討するための材料を得られることがあげられます。本コラムでは，標準学力検査，Q-U，知能検査の結果から，教員がどのようにアセスメントを行い，どのように指導や支援に活用していくかについて述べます。

(1) 学習面と生活面の実態把握

　標準学力検査とQ-Uを組み合わせて実施することで，子どもの援助ニーズを多面的にアセスメントできます。以下の表では，学習面の状態の把握には標準学力検査（NRT）を，生活面の状態の把握にはQ-Uの学級満足度尺度を用いています。

「標準学力検査（教研式　NRT）」と「Q-U」のクロス集計表

学習支援レベル		三次支援	二次支援	一次支援
	一次支援　学力SS50以上	C-1　⑥ 3	B-1　④ -9 (UA)	A　① 11 (OA)
	二次支援　学力SS 35〜49	E-1　⑨ -8 (UA)	D　⑦ -5	B-2　② -9 (UA)　③ 10 (OA)
	三次支援　学力SS34以上	F　⑩ -4	E-2　⑧ -4	C-2　⑤ 1
生活面 (Q-U)	学習面 (学力SS)	三次支援「要支援群」とその周辺の児童・生徒	二次支援「学級生活不満足郡」の一部と「非承認群」「侵害行為認知群」の多くの児童・生徒	一次支援「学級生活満足群」とその周辺の児童・生徒
		生活支援レベル		

＊ -8以下：UA，+8以下：OA

座席表

			黒板		
⑥佐藤一男 D	⑤鈴木 恵 C-1	④星 二郎 C-2	③高橋美和 B-2：OA	②森 和夫 B-2：UA	①阿部 勝 A：OA
⑦	⑧	⑨	⑪	⑫	⑬

●授業中に対象児を意識して支援する方法：①クロス集計表データを座席表に転記，②本学級で授業を行うすべての教員で共有し，指導や支援を行う。

一次支援：教員が行っている一斉指導に自ら参加できる。
二次支援：一斉指導に参加させるには，教員のさりげない配慮と支援が必要。
三次支援：一斉指導に参加させるには，個別の特別な支援が必要，または，一斉指導と並行して行う，その子ども独自のプログラムが必要。

(2) 9群の子どもの状態と指導・支援

　P.189の表は，子どもの状況を「学習面（3段階）×生活面（3段階）」の組み合わせで捉えたうえで，学級全員分のデータを一覧表に整理したものです。個人がどの群に分類されているか，学級集団の傾向はどんなかを掴むことによって，今後必要な指導・支援について手がかりを得ます。

・A群に分類された子：学習面と生活面において，一斉指導に自ら参加できる子どもです。学習意欲をさらに喚起し学力を高めていきます。
・B-2群に分類された子：勉強はやや苦手ですが，学級で楽しく生活しており，活動意欲も高い子どもです。地道な取り組みに承認やを与え，努力をするよう励まし，基礎・基本を定着させます。この群の子どもたちが前向きに活動することで，学級の雰囲気が好転します。
・B-1群に分類された子：学習内容は理解していますが，学級生活に満足できない部分を抱えている子どもです。周囲からの承認が得られるように配慮します。
・C～F群に分類された子：個々によって特性が多様です。その子の実態を踏まえ適切な支援を行います

(3) B-2群「UA」「OA」の指導・支援例

　P.189の表でB-2群のアンダーアチーバー（②）とオーバーアチーバー（③）は，生活面での適応は確認されており，おもに学習面の実態（課題）を踏まえて指導・支援します。なお，一般的に，同じ群に分類された子どもでも，UAかOAかによって適切な指導・支援の中身は違います。

○UAの子ども（②）の場合
・教員が指示や課題を与えた後，それが理解されているか机間指導で確認し，わかっていない場合は支援します。
・授業中に問題を解く手がかりを示したり，家庭学習の方法を示したりするなどの支援を行います。
・板書をノートにていねいに書いたり，自分の考えをノートにまとめたりしたことを褒めます。

○OAの子ども（③）の場合
・ノート整理や漢字・計算練習などの地道な努力を見逃さずに認め，継続するように励まします。
・机間指導で子どもがノートやワークシートなどに書いた考えを認め，自信をもって発言するように促します。

【第Ⅲ部　学習の心理とは】
第15章
教員の指導行動

　子どもが資質・能力を獲得していくためには，子どもが学習に主体的に，協同的に取り組んで活動することが必要です。そこに教員の適切な指導行動が求められます。それは，教員が子どもをその指示によって，素直に従わせ行動させる指導行動ではありません。

　子どもたちの学習の成果を高めるには，子どもの主体性を尊重し，自律的に活動することを支援する指導行動が求められるのです。本章では，子どもたちの主体的学習を促す，教員の指導行動のあり方について考えてみます。

1. 教員の仕事 ― 学習指導と生徒指導 ―

　戦後の日本の学校教育は，アメリカ教育使節団の指導を受け，アメリカのシステムをモデルに設計されました。

　ただし，アメリカでは，学習指導は教員，生徒指導はその専門の免許をもつスクールカウンセラーらが担当しているという分業制を取っているのに対して，日本は学習指導も生徒指導も教員が担当するなど，アメリカとは異なる制度も併せもっています。

　学習指導とは，教科指導と教科外指導を指します。各学校が学校教育の目的や目標を達成するために，教育（学習指導）の内容を子どもの心身の発達に応じ，授業時数との関連において総合的に組織した教育計画を教育課程といいます。そして，文部科学省が示す初等教育および中等教育における教育課程の基準が学習指導要領です。小・中・高等学校の各学校の教育課程は，国語や社会などの教科の学習内容と，特別活動や総合的な学習の時間などの教科外の学習内容で構成されます。

　教育課程の内容を指導するとき，多数の子どもたちを対象として，一定の期間に，一定の教育目標のもとで指導するため，教員は子どもたちの共通性に応じた方法を優先せざるを得ません。そこに子どもの個性に応ずることを重視する生徒指導の機能を生かすことで，教育効果が高まることが期待されるのです。

　生徒指導は，教育課程のすべての領域において機能させる必要があります。また，休み時間や放課後などに，子どもの抱えた問題や状況に応じて個別相談を行ったり，学業不振で学級不適応になっている子どものために補習指導をしたりすることなども，生徒指導の機能といえます。

　教員が，「主体的・対話的で深い学び」の視点で授業改善を行おうとするとき，生徒指導の積極的機能がより求められます。急速に変化が進む社会で生きるために必要な資質・能力（コンピテンシー）をはぐくむ観点から，子どもに協同で学ぶことの意義を知らせ，学級集団やグループで協力して学ぶことの大切さを実感させることが期待されます。さらに，学び合う集団を積極的につくり，建設的に相互作用して学ぶことができるように支援することが必要です。

2. 教員の資質・能力

　変化の激しい社会を生きる力を子どもに育成していくために，また教員が高度な専門職業人であるために，教員に求められる資質・能力とはどのようなものでしょうか。中央教育審議会は2006（平成18）年の教員養成に関する答申で，優れた教員となるためには，以下の3つの要素が重要であると指摘しました。

①教職に対する強い情熱
　教員の仕事に対する使命感や誇り，子どもに対する愛情や責任感など
②教育の専門家としての確かな力量
　子ども理解力，児童生徒指導力，集団指導の力，学級づくりの力，学習指導・授業づくりの力，教材解釈の力など
③総合的な人間力
　豊かな人間性や社会性，常識と教養，礼儀作法をはじめ，対人関係能力，コミュニケーション能力などの人格的資質，教職員全体と同僚として協力していくこと

　さらに，同審議会は2015（平成27）年の答申で，上記の3つの要素について，それぞれ以下のように具体的に説明しました。

○自律的に学ぶ姿勢をもち，時代の変化や自らのキャリアステージに応じて求められる資質能力を生涯にわたって高めていくことのできる力や，情報を適切に収集し，選択し，活用する能力や知識を有機的に結びつけ構造化する力など（①教職に対する強い情熱）

○**アクティブ・ラーニング**の視点からの授業改善，道徳教育の充実，小学校における外国語教育の早期化・教科化，ＩＣＴの活用，発達障害を含む特別な支援を必要とする児童生徒等への対応などの新たな課題に対応できる力量（②教育の専門家としての確かな力量）

○**チーム学校**の考えのもと，多様な専門性をもつ人材と効果的に連携・分担し，組織的・協働的に諸課題の解決に取り組む力（③総合的な人間力）

　アクティブ・ラーニングを通して子どもに資質・能力（コンピテンシー）を育成するためには，まず教員が率先してアクティブ・ラーニングを行い，**教員の資質・能力（コンピテンシー）** を磨いていくことが求められるのです。

3. 自律性支援を志向した教員の指導行動

　子どもは，問題解決場面で，「自ら獲得する」という流れを通して，自ら学ぶ方法を身につけ，学び取ったものを習慣化させていきます。いわゆる主体的な学びです。そのために，子ども自身が思考活動を行うことと，適切なモデリングをすることを，教員が支援することが求められます。子どもの自律的で協同的な学習を促進するためには，教員の指導行動は子どもの自律性を支援する方向で対応することが求められます。

　デシとライアンは，**自律性支援**とは，学習者の視点に立ち，学習者自身の選択や自発性を促すことであると指摘しました（Deci & Ryan, 1897）。次の2点が骨子です。

○学習者が自らの学習行動を決定する「自由度」の量を担保すること
○望ましい結果を効果的に達成する期待（できそうだという見通し）と方法について，学習者に与える情報の量と明瞭さを担保すること（構造化）

　ちなみに，**構造化**という教授行動は，特定のやり方を強いるのではなく，学習者が自分自身で学習を進めていけるように課題の構造を明確にすることです。例えば，問題の解き方につまった子どもに別の解き方を教えるなど，学習の仕方にガイドを与えることです。

　ターナーらは，自律性支援を志向する教員は，「子ども本人に考えさせるような質問を多く行う」「オープンエンドな課題（教員による非限定的な発問）や認知的キャッツ（課題に対する教員の意図的な誤り）を使用することが多く，子どもによる正誤判断を促して，子どもが自ら考えを深めていけるように働きかける発言が多かった」ことを指摘しました（Turner, Meyer, Midgley & Patrick, 2003）。次ページに，自律性支援を志向する教員に多くみられる，自律性支援的な教授行動を示します。

　自律性支援を志向する教員と対置して説明しておきたいのが，「統制」を志向する教員です。これは，教員主導型の教員，管理志向型の教員，指導優位型の教員などとほぼ同義です。

　教員の指導行動における**統制**（control）とは，特定の行動を取るように学習者にプレッシャーを与えることです。統制型教員の指導行動の特徴は，次のように整理されます。

○教員が主導して設定したルールにそって，子どもの行動を統制しようとする
○教員の指導したい内容や伝達したい知識を，効率よくすべての子どもに定着させるために，一方的な説明が多くなる
○子どもに思考させるよりも，教員が伝えたい知識を記憶させることに重点がおかれている
○教員の指導したい内容や伝達したい知識を，効率よくすべての子どもに定着させるために，グループを活用する（学級の子どもを小分けのグループにした後，グループ内で，できる子どもをリーダーにして，できない子どもに教えさせる）

　従来の教員は，統制を志向しやすい，あるいは，統制型の指導行動をとりやすいといえます。なぜならば，統制型の指導行動は，すべての子どもに一定の知識を効率よく獲得させることをめざした指導行動ともいえるからです。

　学校教育の強調点が，子どもに一定の知識を身につけさせることから，自律的に学習できる子どもの育成へと変化していく中で，教員にも変化が求められています。

自律性支援的な教授行動 (Reeve, 2006 を一部修正)

①授業中に子どもの発言をじっくり聞く（聞くことに費やす時間が多い）
②子どもがしたいと思っていることを，しっかりと尋ねる（教員の意図を押しつけることが少ない）
③子どもに自分のやり方で取り組む時間を十分設ける
④授業中，子どもに学習内容について発言を促し，話させる時間が多い
⑤教材が見やすいように，子どもの座席をうまく配置する
⑥教員が指示をするときは，なぜその指示をすることが必要なのかなど，理由を説明する
⑦子どもの取り組みについて，改善や熟達に向けた肯定的で効果的なフィードバックを伝える程度が多い
⑧子どもの取り組みを後押しし，支え，励ます発言が多い
⑨子どもがつまずいたときにどうすればよいか，ヒントを与えることが多い
⑩子どもが発した質問やコメント，提案に対して，応答的に対応する
⑪子どもの視点や経験を認める共感的な発言が多い

4．PM理論

三隅二不二は，「リーダーの言動や存在感は，個々のメンバーだけでなく集団にも影響を与える」という考えのもと，リーダーシップを，目標達成機能（P機能：Performance）と集団維持機能（M機能：Maintenance）という2つの側面から捉えました（**PM理論**）。三隅の提唱したPM理論は，わが国の教員の指導性の研究に一定の方向性をもたらしました。

P機能とは，目標を達成するための計画を立てたり，計画を遂行するための指示を出したり，期限を設定したりといった，目標達成の促進や強化を意図するリーダーシップの機能です。いっぽう，**M機能**とは，メンバーの人間関係を維持するために行う，葛藤や緊張の緩和，メンバー個々の尊重，自主性の促進などを意図するリーダーシップの機能です。

PM理論では，リーダーシップについて，P機能とM機能の強弱の組合せで4つに類型化して捉えます（**図**）。最も好ましいとされるPM型のリーダーシップは，P機能とM機能の両方をバランスよく発揮するものです。学校教育においても，教員がP機能とM機能の両方をバランスよく発揮するとき，一方のみを多く行うよりも，子どもの学習意欲，規律遵守および学級連帯性に対して高い効果があることを指摘しました（三隅，1978）。

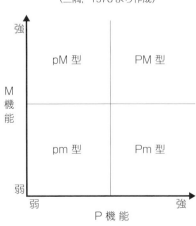

リーダーシップ4類型
（三隅，1978より作成）

リーダーシップの研究において，PM理論の登場以前はリーダーの「資質」が中心的なテーマでしたが，PM理論はリーダーの「行動特性」に光を当て，その後のリーダーシップ研究の礎となりました。特筆すべきは，PM理論は，集団に対する目標達成関連と人間関係づくり関連という2つの視点の捉え方が，シンプルな構図でありながら，さまざまな結果との共通性が高く，普遍性が高いものであるという点です。

5. 教員の勢力資源

　ここでいう「勢力」とは，人が他者をある方向に行動させるような影響力のことです。個人が他者に対して勢力をもつということは，他者がその個人の勢力を認知しているということです。他者が認知する勢力の源を**勢力資源**といいます（**表**）。

　子どもが教員の指導を受け入れるのは，教員に何らかの勢力を感じていて，実はその勢力に従っている，と考えることもできます。現代の子どもたちは，教員にどのような勢力を感じているのでしょうか。それを知ることができれば，子どもに適切にかかわっていく指針が見出だせます。

　田崎は，子どもが認知する教員の勢力資源には，次の7つの種類があると指摘しました。

　子どもたちは一人の教員に対して，この7つの勢力資源を，それぞれ別個に独立したものとして捉えているわけではありません。いくつかの勢力資源が分化せず，統合された形で，教員の勢力を認識しているのです。

　子どもから見た教員の勢力資源の捉え方には個人差がありますが，小学生，中学生，高校生，それぞれ特有の，目安となる捉え方がります。河村の指摘を以下に示します（河村，2002）。

教員の勢力資源（田崎，1979を修正）

①準拠性	教員に対する好意や尊敬の念，信頼感，ある種のあこがれなど，教員の内面的な人間的魅力にもとづく。
②親近・受容性	教員に対する親近感や，自分を受け入れてくれるという被受容感など，教員の内面的な人間的魅力にもとづく。
③熟練性	教員の専門性にもとづく教え方のうまさ，熱心さなど，教員の教育技術の高さと熱意にもとづく。
④明朗性	教員の性格上の明るさ，かかわることで楽しい気分になることにもとづく。
⑤正当性	「教師」「先生」という役割や社会的な地位にもとづく。
⑥強制性	教員の指示に従わないと罰せられたり，成績に響くので，それを避けるために教員の指導に従うことにもとづく。
⑦外見性	教員の見かけの美しさ・かっこよさにもとづく。

○小学生の場合

```
教員── 教員の魅力──親近・受容性，準拠性，熟練性，明朗性，正当性
    ─ 罰・強制性
```

　素直に指導に従うという側面「教員の魅力」と，指導を聞かないと後が怖いので仕方なく従うという側面「罰・強制性」です。子どもが「教員の魅力」を強く感じるとき，両者の人間関係は良好になります。

○中学生の場合

```
教員── 教員の人間的魅力──親近・受容性，準拠性
    　 教員の役割の魅力──熟練性，正当性
    ─ 罰・強制性
```

　小学生が「教員の魅力」と捉えていたことも，中学生は「人間的な魅力」と，「役割の魅力」に分化して捉えます。授業の中での教員の態度と，放課後の教員の態度には違う側面があることを理解するのです。中学生は授業での教え方がうまく，かつ熱心な教員を教員らしい教員と感じる傾向があります。

○高校生の場合

```
教員── 教員の人間的魅力──親近・受容性，準拠性，正当性
    　 教員の役割の魅力──熟練性，明朗性
    ─ 罰・強制性
```

　高校生は「教員の人間的魅力」の中に正当性の勢力資源が含まれます。つまり，高校生は教員の人間的な部分に「教員らしさ」を感じるのです。ここが中学生までとの大きな違いです。一人の人間として尊敬できるか，親しみがもてるかということを，高校生は重要視します。

　さらに，高校生の捉える「教員の役割の魅力」は，熟練性と明朗性の相関が高いのです。つまり，むずかしい内容を，そのまま堅苦しく，むずかしく教える教員に対して，高校生は教え方がうまいと感じないのです。授業内容を面白く，意欲的に取り組めるようにアレンジし，ときには自分の人生観を織り混ぜながら語ってくれる教員に，高校生は強い魅力を感じ，そういう授業にこそのってくるといえるでしょう。

　なお，小・中・高校生とも，罰・強制性でのかかわりは子どもとの関係を悪化させ，発達段階が高まるほど勢力が低下します。

6. 教員の信念（教員特有のビリーフ）

　教員の**信念**とは，教員の価値観や教育観にもとづき，教員実践をする際の行動や態度を規定するものです。教員が自律性支援の指導行動をとるためにはまず，教員の意識改革，つまり自分の教育に関する信念を見直すことが必要となります。

　リーヴ（Reeve, J.）は，子どもの統制を志向する教員は，学習者の動機づけを喚起するための方法に関して特定の信念や態度をもっており，相互作用場面において，それらが具体的な教授行動として発現することを指摘しました。

　教員の認知的枠組みの一つに**ビリーフ**があります。ビリーフとは，人が感情をもったり行動を起こすときにもつ思考様式であって，具体的には信念・価値観から構成された文章記述で示されます。そして，これらの項目について絶対的で教義的な「ねばならない」とするタイプの強迫的なビリーフを**イラショナル・ビリーフ**といい，強迫的な行動・感情に結びつくと考えられます。

　河村（1996）らは，小学校教員が教育実践中にしばしば取る傾向にある行動や子どもへの対応行動，態度の背景となっているビリーフとその強迫性を調査し，小学校教員には，「教員の意図どおりに子どもを統制・方向づけようとするビリーフ」と「教育実践における集団主義志向のビリーフ」「学級運営の規則・慣例主義志向のビリーフ」があることを指摘しました。

　このビリーフの強迫性が強い教員は，①子どもを認知する基準や枠組みが限定する傾向，②コミュニケーション・ユーモアが欠如する傾向，③権威的・管理的なリーダーシップを取る傾向があることを指摘しています。そして，ビリーフの強迫性が強い教員の学級では，子どものスクールモラールが低いことを指摘しました（**表**）。

教員特有のビリーフの強迫性の強さと子どものスクールモラールの関係

	平均モラールの関係	学級雰囲気	友達関係	学習意欲
教員特有のビリーフ得点	－.50**	－.44**	－.37**	－.27**

**：$p<0.1$

Tips　教員の影響力

　教員が意識しない中で，子どもの評価がずれたり否定的に評価してしまったりと，学習にとって負の影響を与えてしまうことがあります。このような教員の影響力があることはしっかり意識しておかないと，同じような誤りを繰り返してしまいます。以下に，不適切な問題を生起させる，代表的教員の影響力について説明します。

　ハロー効果は，後光効果，後背効果ともいわれ，子どものある特性を評価しようとするとき，その背後にある特性が本来評価しようとする特性に影響を及ぼすことをいいます。例えば，子どもの成績を評価しようとするとき，学習態度がまじめだったり，教員の指導を素直に聞く姿勢が見られる子どもに対して，その成績を実態より高く評価してしまう，などが該当します。

　ステレオタイプ的認知は，ステレオタイプを用いた認知を，理解したい対象にあてはめて考えることをいいます。多くの人々に広く共有されている認識，固定観念など，典型的で固定化されたイメージのことを「ステレオタイプ」といいます。例えば，「血液型がA型の人は几帳面」「東北の人は粘り強い」などといったものがこれにあたります。

　ステレオタイプ的認知は，対象を非常に単純化・画一化した形で理解するため，対象が本来保持している特質から認知がずれる可能性があります。その結果として，対象の多様な特質を理解しないまま，否定的な方向に偏った評価や感情と結びついて，偏見や差別をつくり出すなどの弊害が生まれる可能性が高まります。

　教師期待効果は，高い期待をかけられた子どもの学習が促進することをいいます。教員の子どもに対する期待が自身の意識しない行動を生み，子どもの学習活動に影響を及ぼすことが知られています。例えば，教員は高い期待を寄せている子どもにより多くの情報を与えるなどで，その結果，多くの情報を得た子どもの学習が促進する現象をいいます。

　ローゼンタール（Rosenthal,R.）は，教師期待効果をギリシャ神話の物語になぞらえて，**ピグマリオン効果**と名づけました。反対に，子どもへの否定的な見方による負の教師期待効果をユダヤ教の伝承に登場する自分で動く泥人形になぞらえて，**ゴーレム効果**といいます。

高期待生徒と低期待生徒に対する教員の行動

(Stipek, 1992を一部修正)

高期待生徒に意識せずに行いやすい行動

①多くほほえんだり，うなずいたりする。
②より親密に接する。
③より多くの情報や問題を与える。
④よりむずかしく多彩な問題を与える。
⑤授業中の指名が多い。
⑥指名時に，問題をしばしば繰り返したり，言いかえたりして，答えやすいように，より多くの手がかりを与えたりする。
⑦指名時に，答えるのをより長く待っている。
⑧より詳細で正確なフィードバックを与える。
⑨正答すると，より多くの賞賛を与える。
⑩成績が悪かった場合には怒る。

低期待生徒に意識せずに行いやすい行動

❶教員から遠ざけて座らせ，かかわりを少なくする。
❷間違った答えに対しては，批判が多い。
❸どっちつかずの，あるいは不適切な答えをしたとき，多く賞賛する（結果ではなく発言したことを賞賛する）。
❹成績が悪かったときは哀れむ。

Tips 隠れたカリキュラム

カリキュラム（curriculum）とは，学校で教えることになっている科目や内容および時間配当などの教育計画を意味する用語です。それに対して，**隠れたカリキュラム**（hidden curriculum）とは，子どもが学校に適応するために学ばなければならない道徳的規範を指しています。子どもたちが暗黙に，無意図的に学ぶことを求められ，結果的に子どもが身につける教育内容と定義され，おもに教員の言動により子どもへ伝わっていく知識，価値観，行動様式などのことです。

隠れたカリキュラムは，目に見えず暗黙の了解の形で子どもに伝達されるものであり，子どもの間の関係が親密であるほど，それに準拠する価値を帯びてきます。では，隠れたカリキュラムは具体的にはどのように形成されていくのでしょうか。そこには，いくつかの考え方があります。以下におもな2つの説を紹介します。

(1) 教員期待過程モデルの考え方

子どもは自分や他の子どもに向けて行った教員の指導行動（褒める・注意する・叱責するなど）や言語的，非言語的行動（表情・語調・子どもが取った行動への賞罰など）をもとにして，教員が期待し評価するのはどのような行動か，教員が評価せず叱責するのはどのような行動か，を理解します。つまり，それらを通して教員から「こうあるべき自己像」のメッセージを受け取ります。そして，それに合わせて子どもが自己の行動を変容させるプロセスを通して，隠れたカリキュラムが学級内に形成されていく，と考えられるのです。

(2) 儀式化（ritualization）の考え方

ここでいう「儀式」とは，定型的な儀式（rite）というよりも日常的な慣習・慣例に近いものです。そして儀式化とは，学級内で日々行われるルーティン的な行動（朝や帰り・授業開始や終了時のあいさつ，自分の意見の発表の仕方や友人の発言の聞き方，互いの努力をねぎらう仕方など）や，みんなからプラスの評価を受ける行動様式をみんなと一緒に実行する体験を繰り返すことを通して，それを定型化された儀式のように受け入れていくプロセスを指すものです。儀式化の過程で学級内の子どもは，特定の集団的アイデンティティも身につけるのです。

Column　学び続ける教育者

(1) 専門性を維持する必要性

　教員は教育実践の専門職です。教員の学習・訓練は教員免許の習得とともに終わるものではありません。専門職は絶えず最先端の知見を習得すること（学び続けること）が使命として求められています。

　近隣の心理職では，基礎となる知識や理論は研究の進展とともに常に変化し，7～9年程度で約半分に近い専門的知識が古くなってしまうため，更新が必要であることが指摘されています。医療現場では，1990年代に始まった考え方として，**エビデンス-ベースト・メディシン（evidence-based medicine）**があります。診療に際して医師の個人的な経験や慣習などに依存した治療法を排除し，科学的に検証された最新の研究成果にもとづいて医療を実践するという運動です。このような考え方にもとづく取組みは福祉や心理，教育の現場にも広まってきました。教育現場ではそれを**エビデンス・ベースト・エデュケーション**と呼びます。教育実践が教員個々の恣意的な経験や慣習などに依存したものにとどまるのを打破し，教育実践研究などで実証的な分析にもとづき，有効性が認められた教育方法や対応の仕方を，自ら進んで教育実践に取り入れていくものです。

(2) 生涯学習のもう一つの意味

　いまの教員は変化の速い時代に子どもにを育成することが求められていますが，まず，教員自身が，率先して**アクティブ・ラーニング**を行い，資質・能力（コンピテンシー）を磨いていくことが必要です。知識基盤社会に突入する中で，子どもたちに求められるコンピテンシーは，言わずもがな，教員にも求められるコンピテンシーそのものなのです。一歩先を学び続ける教員の姿は，子どもにとってよき学習者の身近なモデルとなります。

　コンピテンシーの獲得には，学習者の自律的で主体的なかかわりが欠かせません。学ぶとはどのような過程かを教員自らが現在進行形で経験していることで，学びのモデルとして洗練されてくるだけではなく，その経験が子どもに対しての適切な自律性支援にもつながっていきます。教育の専門家は**生涯学習**の専門家となることが求められるのです。

(3) 省察とメタ認知

　教員の学習内容の中心の一つは，自らの教育実践に対する**省察**です。自

分が行った教育実践に対して、さまざまな角度から系統的に振り返る（省察する）ことで、教育実践に対する姿勢や行動の変容につながる気づきがもたらされます。

　ショーン（Schön, D.A.）は、行為の遂行中においても、意識はそれらの出来事をモニターするという反省的洞察を行い、そのことが行為そのものの効果を支えている実践を**反省的実践**と名づけました。そして、複雑で混沌とした状況において、経験を通した実践知の枠組みをもとに、行為をしながら省察する反省的実践家という専門家像を提唱しました。反省的実践の中心は、自己アセスメントであり、自分は何ができているのか、何ができていないのか、何を学ぶべきなのか、どのような方向へ進むべきなのか、を見定めていくことです。

　反省的実践の重要な要素は、**メタ認知**（第11章第3節参照）の機能です。メタ認知とは、自分の考えていることや行動していることそのものを対象として、第三者の視点で俯瞰して客観的に把握し認識するための知識と、その知識を用いて学習や行動を適切に調整することです。メタ認知は、大人でもその能力が育成されていない人が少なくありません。

　メタ認知の能力は脳機能の低下とともに40代を越えると低下していきます。定期的に自分の行動をメタ認知する習慣がなく、教育実践をルーティンのように継続してきたベテラン教員の中に、独りよがりの教育実践に陥っている人が少なくありません。

(4)学習集団での学びの必要性

　教育実践が独りよがりにならないためには、自らの教育実践についてあえて語るという行為をすることが第一歩です。その行為が自らの教育的信念を省察することにつながるからです。

　そのためには、聴き手となる他者の存在が欠かせません。教育実践の変容につながる気づきをもたらす効果的な省察は、他者からの**フィードバック**を通して得ることが多いのです。したがって、教員は職場の校内研究から、数校の教員たちが集まる研究会、研究者も参加するような専門的な研究会まで、省察ができる場と取り組みを続けていくことが必要です。

　つまり、専門職としての教員は、常に自らの教育実践について語り合う専門職同士の学習するコミュニティをもち、生涯学習を続けていくことが求められるのです。

引用・参考文献

〔和文〕

会田元明(1996). 発達. 会田元明ほか編. 子どもとむかいあうための教育心理学概論. ミネルヴァ書房.
新井邦二郎（1995）.「やる気」はどこから生まれるか. 児童心理, 49(3), 3-11.
新井邦二郎編著（1997）. 図でわかる発達心理学. 福村出版.
新井邦二郎編著（2000）. 図でわかる学習と発達の心理学. 福村出版.
新井邦二郎・浜口佳和・佐藤純（2009）. 教育心理学. 培風館.
荒木紀幸編著（1988）. 道徳教育はこうすればおもしろい. 北大路書房.
荒木寿友（2017）. ゼロから学べる道徳科授業づくり. 明治図書.
安藤公平（1977）. 知能心理学研究. 福村出版.
安藤寿康（2000）. 心はどのように遺伝するか. 講談社ブルーバックス.
安藤寿康（2011）. 遺伝マインド. 有斐閣.
石崎一記(2003). 発達理論. 杉原一昭監修, 渡邉映子・勝倉孝治編. はじめて学ぶ人の臨床心理学. 中央法規出版.
石崎一記（2017）. 発達を促す. 櫻井茂男編. 改訂版 たのしく学べる最新教育心理学. 図書文化.
石田靖彦（2003）. 学級内の交友関係の形成と適応過程に関する縦断的研究. 愛知教育大学研究報告, 52, 147-152.
依田新監修（1979）. 新・教育心理学事典. 金子書房.
板倉聖宣（1974）. 仮説実験授業. 仮説社.
一前春子(2011). Ⅵ-4 友だち関係の発達, Ⅵ-5 ピア・プレッシャー. 伊藤亜矢子編著. エピソードでつかむ児童心理学. ミネルヴァ書房.108-115.
今井康雄編（2009）. 教育思想史. 有斐閣アルマ.
井森澄江(2010). 乳幼児期の発達. 西村純一・井森澄江編. 教育心理学エッセンシャルズ［第2版］. ナカニシヤ出版.
上野一彦・室橋春光・花熊曉責任編集(2018). 概論・アセスメント（特別支援教育の理論と実践Ⅰ）［第3版］. 金剛出版.
上淵寿編著（2012）. キーワード動機づけ心理学. 金子書房.
氏原寛・亀口憲治・成田義弘・東山紘久・山中康裕編（2004）. 心理臨床大事典. 培風館.
梅津耕作・大久保康彦・大島貞夫・袴田明（1989）. 教育心理学入門. サイエンス社.
榎本淳子（2003）. 青年期の友人関係の発達的変化. 風間書房.
榎本淳子(2011). 対人関係―親子関係から仲間関係へ. 中道圭人・榎本淳子編, 中澤潤監修. 幼児・児童の発達心理学. ナカニシヤ出版.
遠藤利彦・田中亜希子（2005）. アタッチメントの個人差とそれを規定する諸要因. 数井みゆき・遠藤利彦編著. アタッチメント. ミネルヴァ書房.
大野久(1995). 青年期の自己意識と生き方. 落合良行・楠見孝編. 自己への問い直し―青年期（講座生涯発達心理学4）. 金子書房.
小野寺孝義・磯崎三喜年・小川俊樹編（2011）. 心理学概論. ナカニシヤ出版.
Kaufman,N.L.・Kaufman,A.S.・藤堂栄子・熊谷恵子・石隈利紀（2012）. 特別講演Ⅱ 個別学力検査の意義と活用：学習障害児を援助する臨床的ツールとして. LD研究, 21(1), 24-31.
梶田叡一（1994）. 学力観・評価観の転換（教育における評価の理論Ⅰ）. 金子書房.
学級経営研究会（1998）. 学級経営の充実に関する調査研究（中間まとめ）.
亀田秀子・相良順子(2011). 過去のいじめられた体験の影響と自己成長感をもたらす要因の検討.

カウンセリング研究, 44, 277-287.
神谷かつ江 (2007). いじめに関する心理学的一考察. 東海女子短期大学紀要, 33, 45-52.
河合伊六・松山安雄編著 (1989). 現代教育心理学図説. 北大路書房.
河野義章編著 (2006). 教育心理学・新版. 川島書店.
河村茂雄・國分康孝 (1996). 小学校における教師特有のビリーフについての調査研究. カウンセリング研究, 29, 44-54.
河村茂雄 (1999). 学級崩壊に学ぶ. 誠信書房.
河村茂雄 (2000). 学級崩壊予防・回復マニュアル. 図書文化.
河村茂雄 (2002). 教師のためのソーシャル・スキル. 誠信書房.
河村茂雄 (2007). データが語る1 学校の課題. 図書文化.
河村茂雄・藤村一夫・浅川早苗編著 (2009a). Q-U式学級づくり小学校中学年. 図書文化.
河村茂雄・藤村一夫・浅川早苗編著 (2009b). Q-U式学級づくり小学校高学年. 図書文化.
河村茂雄 (2010). 日本の学級集団と学級経営. 図書文化.
河村茂雄・藤原和政 (2010). 高校生の学校適応を促進するための援助に関する研究. 学校心理学研究, 10, 53-62.
河村茂雄 (2011). 実証性のある校内研究の進め方・まとめ方. 図書文化.
河村茂雄 (2012a). 科学研究費助成事業（科学研究費補助金）研究成果報告書「児童の学習・友人関係形成・学級活動意欲を向上させる学級集団形成モデルの開発」基盤研究（C）課題番号 21530703.
河村茂雄 (2012b). 学級集団づくりのゼロ段階. 図書文化.
河村茂雄 (2016). 学級集団の状態と授業の展開との関係. 早稲田大学大学院教育学研究科紀要, 26, 29-42.
河村茂雄編著 (2016). 組織で支え合う！学級担任のいじめ対策. 図書文化.
河村茂雄 (2017). 学校管理職が進める教員組織づくり. 図書文化.
河村茂雄 (2017). アクティブラーニングを成功させる学級づくり. 誠信書房.
河村茂雄編著 (2017). 学級担任が進める特別支援教育の知識と実際. 図書文化.
生島浩 (2003). 非行臨床の焦点. 金剛出版.
北尾倫彦 (1979). 学業不振. 田研出版.
北尾倫彦・中島実・井上毅・石王敦子 (1997). グラフィック心理学. サイエンス社.
北尾倫彦・林多美 島田恭仁 岡本真彦 岩下美徳 筧地美絵 (1999). 学校教育の心理学. 北大路書房.
木村真人 (2015). 大学生の学生相談利用におけるパーソナル・サービス・ギャップ. 心理臨床学研究, 33, 275-285.
京都大学心理学連合 (2011). 心理学概論. ナカニシヤ出版.
黒沢幸子・森俊夫・寺崎馨章・大場貴久・有本和晃・張替裕子 (2002). 「ギャング」「チャム」「ピア」グループ概念を基にした「仲間関係発達尺度」の開発. 明治安田こころの健康財団研究助成論文集, 38, 38-47.
厚生労働省 (2018). 平成30年版自殺対策白書.
國分康孝 (1981). カウンセリングの理論. 誠信書房.
国立教育政策研究所 (2013). 社会の変化に対応する資質や能力を育成する教育課程編成の基本原理（教育課程編成に関する基礎的な研究報告書5）.
小塩真司・阿部晋吾・カトローニ・ピノ(2012). 日本語版 Ten Item Personality Inventory (TIPI-J) 作成の試み. パーソナリティ研究, **21**(1), 40-52.
小木曽由佳 (2011). ユング『タイプ論』とプラグマティズム：「個人的方程式 (persönliche

Gleichung)」としての諸類型．京都大学大学院教育学研究科紀要，**57**，225-238．
齊藤智・三宅晶(2014)．ワーキングメモリ理論とその教育的応用．湯澤正通・湯澤美紀編著．ワーキングメモリと教育．北大路書房．
沢田昭著，前田嘉明編（1982）．現代青少年の発達加速．創元社．
坂西友秀・岡本裕子編著（2004）．いじめ・いじめられる青少年の心．北大路書房．
櫻井茂男（2009）．自ら学ぶ意欲の心理学．有斐閣．
佐々木晃（1982）．発達の様相．福沢周亮編．現代教育心理学．教育出版．
佐藤学（2004）．習熟度別指導の何が問題か（岩波ブックレット）．岩波書店．
佐藤隆之（2018）．市民を育てる学校．勁草書房．
三宮真智子編著（2008）．メタ認知．北大路書房．
柴田直峰(2010)．子どもの発達段階とその特徴．山崎史郎編著．教育心理学ルック・アラウンド．おうふう．
清水幾太郎（1969）．社会的人間論．角川書店．
下山晴彦・中嶋義文編（2016）．精神医療・臨床心理の知識と技法．医学書院．968-968．
庄司一子（1997）．児童期の発達課題とカウンセリング．國分康孝監修．スクールカウンセリング事典．東京書籍．283．
白井利明（1992）．職業選択．子安増生編．発達心理学．新曜社．
白井利明編（2006）．よくわかる青年心理学．ミネルヴァ書房．
神藤貴昭・久木山健一（2017）．ようこそ教育心理学の世界へ[改訂版]．北樹出版．
杉江修治編（2007）．教育心理学（教師教育テキストシリーズ4）．学文社．139-140．
住田正樹（1999）．発達・社会・教育．住田正樹・高島秀樹・藤井美保編．人間の発達と社会．福村出版．10-24．
住田幸次郎(1987)．子どもの知能・創造性の診断法．伊藤隆二・坂野登編．子どもの知能と創造性．日本文化科学社．
国立教育政策研究所教育課程研究センター研究開発部学力調査課．(2017)．平成29年度全国学力・学習状況調査の結果・活用について．月刊中等教育資料12．学事出版．
関田一彦・安永悟（2005）．協同学習の定義と関連用語の整理．協同と教育，1，10-17．
全国連合小学校長会（2006）．学級経営上の諸問題に関する現状と具体的対応策の調査．
高坂康雅（2013）．大学生におけるアイデンティティと恋愛関係との因果関係の推定．発達心理学研究．24(1)，33-41．
高橋有記・大西雄一・松本英夫（2015）．発達障害について．ストレス科学研究，30，5-9．
滝川一廣（2017）．子どものための精神医学．医学書院．
田口久美子（2010）．思春期女子の発達加速．長崎外大論叢，14，97-111．
田崎敏昭（1979）．児童・生徒による教師の勢力源泉の認知．実験社会心理学研究，18，129-138．
辰野千寿（1994）．学習心理学．教育出版．
辰野千壽（2001）．改訂増補 学習評価基本ハンドブック．図書文化．
田中熊次郎（1957）．児童集団心理学．明治図書．
田中熊次郎（1975）．新訂児童集団心理学．明治図書．
田中統治（1999）．カリキュラムの社会学的研究．安彦忠彦編．新版 カリキュラム研究入門．勁草書房．65-86．
谷田貝公昭・林邦雄・成田国英編（2001）．幼児・児童心理学（教職課程シリーズ3）．一藝．
竹村和久・高木修（1988）．"いじめ"現象に関わる心理的要因．教育心理学研究，36，57-62．
旦直子（2018）．認知の発達．開一夫・齋藤慈子編．ベーシック発達心理学．東京大学出版会．
中央教育審議会（2012）．課題の整理と検討の視点．

中央教育審議会（2005）．我が国の高等教育の将来像（答申）．
中央教育審議会（2006）．今後の教員養成・免許制度の在り方について（答申）．
中央教育審議会（2008）．学士課程教育の構築に向けて（答申）．
中央教育審議会（2012）．新たな未来を築くための大学教育の質的転換に向けて（答申）．
中央教育審議会（2015）．これからの学校教育を担う教員の資質能力の向上について（答申）．
出口毅(2017)．学習のメカニズム．櫻井茂男編．改訂版 たのしく学べる最新教育心理学．図書文化．
東京都教育委員会（2011）．都立高校白書（平成23年度版）．
独立行政法人国立特別支援教育総合研究所（2009）．特別支援教育の基礎・基本．ジアース教育新社．
登張真稲（2003）．青年期の共感性の発達．発達心理学研究, 14(2), 136-148.
内閣府（2013）．平成25年度 我が国と諸外国の若者の意識に関する調査．
内藤俊史（2005）．道徳心理学．内田伸子編著．心理学．光生館．
永井伸一（2014）．わが子が「なぜか好かれる人」に育つお母さんの習慣．青春出版社．
永井智（2013）．援助要請スタイル尺度の作成．教育心理学研究, 61(1), 44-55.
永江誠司編著（2013）．キーワード教育心理学．北大路書房．
西平直喜（1979）．青年期における発達の特徴と教育．大田堯ほか編．岩波講座 子どもの発達と教育6. 岩波書店. 13-22.
二宮克美（2010）．向社会的行動の判断．菊池章夫・二宮克美・堀毛一也・斎藤耕二編著．社会化の心理学／ハンドブック．川島書店. 277-290.
日本版WISC-Ⅳ刊行委員会（2010）．日本版 WISC-Ⅳ理論・解釈マニュアル．日本文化科学社．
日本心理学諸学会連合心理学検定局編（2015）．心理学検定基本キーワード[改訂版]．実務教育出版．
野嵜茉莉(2018)．遊び・仲間関係．開一夫・齋藤慈子編．ベーシック発達心理学．東京大学出版会．
野々村新編著（1995）．こころへのアプローチ．田研出版．
バーンズ亀山静子（2013）．アメリカの学校の現状から．臨床心理学, 13(5), 5.
橋本重治原著（2003）．教育評価法概説[2003年改訂版]．図書文化．
長谷川真里（2014）．発達心理学．北樹出版．
波多野完治編（1965）．ピアジェの発達心理学．国土社．
林洋一監修（2010）．史上最強図解よくわかる発達心理学．ナツメ社．
日野林俊彦　赤井誠生　安田純　志澤康弘　山田憲　南徹弘　糸魚川直祐（2007）．発達加速現象の研究・その21. 日本心理学会第71回大会発表論文集, 10-39.
平出彦仁編著（1986）．こころの探求．八千代出版．
藤井千春（2018）．主体的・対話的で深い学び 問題解決学習入門．学芸みらい社．
藤岡徹・村田里佳・石坂郁代・河野俊寛・大石敬子・滝口慎一郎・平谷美智夫（2015）．発達性ディスレクシア児の学習面での問題に対する教員の認識についての検討．LD研究, 24(3), 347-355.
藤永保監修（2013）．最新心理学事典．平凡社．
藤原和政・河村茂雄（2014）．高校生における学校適応とスクール・モラールとの関連．カウンセリング研究, 47(4), 196-203.
藤田和弘監修（2016）．長所活用型指導で子どもが変わるPart5. 図書文化．
藤島寛・山田尚子・辻平治郎（2005）．5因子性格検査短縮版（FFPQ-50）の作成．パーソナリティ研究, 13(2), 231-241.
保坂亨（1986）．キャンパス・エンカウンター・グループの発達的・治療的意義の検討．心理臨床学研究, 4(1), 17-26.

堀野緑・森和代（1991）．抑うつとソーシャルサポートとの関連に介在する達成動機の要因．教育心理学研究, 39(3), 308 – 315.
前川由未子・金井篤子（2016）．メンタルヘルス専門家への援助要請に関する研究の動向．名古屋大学大学院教育発達科学研究科紀要，心理発達科学，**63**, 57-72.
前田基成・東條光彦編著（1997）．読んでわかる教育心理学．紫峰図書．
増田梨花編著（2018）．絵本とともに学ぶ発達と教育の心理学．晃洋書房．
松原達哉編（2013）．教育心理学．丸善出版．
松井豊（1990）．友人関係の機能．斎藤耕二・菊池章夫編著．社会化の心理学ハンドブック．川島書店．
三木安正編著（1958）．児童心理学．共立出版．
溝上慎一（2014）．アクティブラーニングと教授学習パラダイムの転換．東信堂．
宮城音弥（1960）．性格（岩波新書）．岩波書店．
宮下一博（1995）．青年期の同世代関係．落合良行・楠見孝 責任編集．自己への問い直し－青年期－（講座 生涯発達心理学4）．金子書房．155-184.
宮下一博（2004）．アイデンティティのレベル．谷冬彦・宮下一博編著．さまよえる青少年の心．北大路書房．
宮下一博監修（2009）．ようこそ！青年心理学．ナカニシヤ出版．
宮本信也（2015）．インクルーシブ教育の中でLD教育の次の課題を考える．LD研究, 24(1), 52-60.
水野治久監修（2017）．援助要請と被援助志向性の心理学．金子書房．
三隅二不二・吉崎静夫・篠原しのぶ（1977）．教師のリーダーシップ行動測定尺度の作成とその妥当性の研究．教育心理学研究, 25(3), 157-166.
三隅二不二（1965）．教育と産業におけるリーダーシップの構造．教育心理学年報, 4, 83-106.
三隅二不二（1976）．グループ・ダイナミックス．共立出版．
三隅二不二（1978）．リーダーシップ行動の科学．有斐閣．
耳塚寛明（2014）．多様化の中の質保証．樋田大二郎・刈谷剛彦・堀健志・大多和直樹編著．現代高校生の学習と進路．学事出版．
三宅和夫（1990）．子どもの個性（シリーズ人間の発達5）．東京大学出版会．
室橋春光（2014）．発達とは何か：特別教育の視点から．子ども発達臨床研究, 6, 49-53.
武蔵由佳（2014）．児童生徒の友人・仲間関係に対する欲求の検討．早稲田大学大学院教育学研究科紀要, 21(2), 83-92.
無藤清子（1979）．「自我同一性地位面接」の検討と大学生の自我同一性．教育心理学研究, 27(3), 178-187.
村田孝次（1975）．教養の心理学．培風館．
文部科学省（2018a）．学校保健統計調査 平成29年度（確定値）の結果の概要．
文部科学省（2016）．我が国の高等学校教育の現状と今後の改革の方向性（内閣府経済・財政一体改革推進委員会教育，産業・雇用等ワーキング・グループ資料）．
文部科学省（2017）．平成28年度「児童生徒の問題行動・不登校等生徒指導上の諸課題に関する調査」結果（速報値）について．
文部科学省（2018b）．平成29年度児童生徒の問題行動・不登校等生徒指導上の諸課題に関する調査結果について．
矢野喜夫（1988）．発達の最近接領域．平山宗宏編．現代子ども大百科．中央法規出版．
融道男・中根允文・小見山実・岡崎裕士・大久保善朗監訳（2005）．ICD－10精神および行動の障害．医学書院．

和田万紀編（2014）．教育心理学（Next 教科書シリーズ）．弘文堂．97-100．

〔欧文〕

Allport, G. W., & Odbert, H. S. (1936). Trait-names: A psycho-lexical study. *Psychological Monographs*, **47**(1), i-171.

American Psychiatric Association(2013). *Diagnostic and Statistical Manual of Mental Disorders*, Fifth Edition.（米国精神医学会著，日本精神神経学会 日本語版用語監修，高橋三郎・大野裕監訳（2014）DSM-5 精神疾患の診断・統計マニュアル第5版．医学書院．）

Atkinson, J.W. (1964). *An introduction to motivation*. Oxford: Van Nostrand.

Ausubel, D.P. (1963). *The psychology of meaningful verbal learning*. Oxford: Grune & Stratton.

Babbely, A.D., Allen,R.J., & Hitch,G.J（2011）.Binding in visual working memory : The role of the episodic buffer. *Neuropsychologia*, 49, 1393-1400.

Bandura, A. (1977). *Self-efficacy: The exercise of control*. New York: Freeman and Company.

Bandura, A. (1976). *Social learning theory*. New Jersey: Prentice Hall.

Bloom, B.S., Hastings, T., & Madaus, G.F. (1971). *Handbook on formative and summative evaluation of student learning*. New York: McGraw-Hill.（梶田叡一・渋谷憲一・藤田恵璽訳（1973）．教育評価法ハンドブック．第一法規．）

Bruner, J.S. (1966). *Toward a theory of instruction*. Massachusetts: Harvard University Press.（田浦武雄・水越敏行 訳（1966）．教授理論の建設（改訂版）．黎明書房．）

Bryan, W. L., & Harter, N. (1897). Studies in the physiology and psychology of the telegraphic language. *Psychological Review*, 4(1), 27-53.

Cronbach, L.J. (1957). The two disciplines of scientific psychology. *American Psychologist*, 12(11), 671-684.

Crowder,N.A. (1959). On the difference between linear and intrinsic programming. In E. Galanter (Ed.), *Automatic teaching: The state of the art*. New York: John Wiley. Crowder, N.A., 109-116.

Darley, J. M., &Fazio, R.H. (1980). Expectancy confirmation processes arising in the social interaction sequence. *American Psychologist*, 35(10), 867-881.

Deci, E. L., & Ryan, R. M. (1987). The support of autonomy and the control of behavior. *Journal of Personality and Social Psychology*, 53(6), 1024-1037.

Deci, E.L. & Ryan, R.M. (1985). Intrinsic motivation and self-determination in human behavior. New York: Plenum Press.

Donald Olding Hebb. (1958). Textbook of psychology. (3rd ed.).（白井常監訳（1975）．行動学入門（第3版）．紀伊國屋書店．）

Donald, A.S. (1984).*The Reflective Practitioner; How Professionals Think in Action*. New York: Basic Books.

Dweck, C.S. (1986). Motivational processes affecting learning. *American Psychologist,* **41**(10), 1040-1048.

Eisenberg, N. (1986). Altruistic emotion, cognition, and behavior. Hillsdale, New Jersey: Lawrence Erlbaum Associates.

Eisenberg, N., & Fabes, R. A. (2000). Prosocial development. In N. Eisenberg (Ed.), Damon (Series Ed.), *Handbook of child psychology.Vol.3. Social, emotional, and personality development* (5th ed.), New York: Wiley., 701-778.

Erikson, E, H. (1977). *Toys and reasons: Stages in the Ritualization of Experience*. New York: W. W. Norton &Company.（近藤邦夫 訳（1981）．玩具と理性．みすず書房．）

Erikson, E, H. (1959). *Identity and the Life Cycle.* New York: International University Press.（西平直・中島由恵訳（2011）．アイデンティティとライフサイクル．誠信書房．）

Erikson, E. H. & Evans, R. I. (1967). *Dialogue with Erik Erikson.* New York: Harper & Row.（岡堂哲夫・中園正身訳（1981）．エリクソンは語る．新曜社．）

Frith, U.(1989). *Autism : Explaining the Enigma.* Oxford, UK: Blackwell.

Getzels, J.W. & Jackson, P.W. (1962). *Creativity and intelligence*: *Explorations with gifted student.* New York: John Wiley & Sons.

Gesell, A.L.(1974).Gesell and Amatruda's Developmental diagnosis. (3rd ed.).（新井清三郎訳（1983）．新発達診断学．日本小児医事出版社．）

Goldberg, L. R. (1990). An alternative "Description of Personality" the Big Five factor structure. *Journal of Personality and Social Psychology,* 59(6), 1216-1229.

Goldberg, L. R. (1992). The development of markers for the big-five factor structure. *Psychological Assessment,* 4(1), 26-42.

Guilford, J.P. (1967). *The Nature of Human Intelligence.* New York: McGraw-Hill.

Harlow, H.F. (1950). Learning and satiation of response in intrinsically motivated complex puzzle performance by monkeys. *Journal of Comparative and Physiological Psychology,* 43(4), 289-294.

Haworth, C.M.A., Wright, M.J., Luciano, M., Martin, N.G., de Geus, E.J.C., van Beijsterveldt, C.E.M., Bartels, M., Posthuma, D., Boomsma, D.I., Davis, O.S.P., Kovas, Y., Corley, R.P., DeFries, J.C., Hewitt, J.K., Olson, R.K., Rhea, S-a., Wadsworth, S.J., Iacono, W.G., McGue, M., Thompson, L.A., Hart, S.A., Petrill, S.A., Lubinski, R.K., & Plomin, R. (2010). The heritability of general cognitive ability increases linearly from childhood to young adulthood. *Molecular Psychiatry,* 15(11), 1112-1120.

Hill, C. A. (1987). Affiliation motivation: People who need people… but in different ways. *Journal of Personality and Social Psychology,* 52(5), 1008-1018.

Hull, C.L. (1943). *Principles of behavior: An introduction to behavior theory.* Oxford: Appleton Century Crofts.

James, W. (1890). *The Principles of Psychology,* 1. New York: Henry Holt and Company the Principles.

Johnson, D.W., Johnson, R.T., & Holubec, E.J. (1993). *Circles of learning: Cooperation in the classroom. Fourth edition.* Edina. Minnesota: Interaction Book Company.（石田裕久・梅原巳代子訳（2010）．学習の輪．二瓶社．）

Jung, C. G.(1921). Psychologische Typen. Zürich: Rascher Verlag.（林道義訳（1987）．タイプ論．みすず書房．）

Kretschmer, E. (1955). Körperbau und Charakter. Auflage. Berlin: Springer.（相場均訳（1960）．体格と性格．文光堂．）

Kohler, W.（E. Winter, Trans.）(1925). *The mentality of apes.* California: Harcourt Brace & World.

Lewin, K. (1997). *Resolving social conflicts and field theory in social science.* Washington, D.C.: American Psychological Association.（猪股佐登留訳（2017）．社会科学における場の理論．ちとせプレス．）

Maslow, A. H. (1970). Motivation and personality. 2nd ed. New York: Harper & Brothers.（小口忠彦訳（1987）．人間性の心理学〔改訂新版〕．産業能率大学出版部．）

McClelland, D.C. (1985). *Human motivation.* Glenview. Illinois: Scott, Foresman.

Moreno, J.L.(1934). *Who shall survive? A new approach to the problem of human interrelations.* Washington, D. C.: Nervous and mental disease publishing.

Murray, H.A. (1938). *Exploration in personality.* New York: Oxford University Press.
Neimeyer, G. J., Taylor, J. M., Rozensky, R. H., & Cox, D. R. (2014). The diminishing durability of knowledge in professional psychology: A second look at specializations. *Professional Psychology: Research and Practice,* 45(2), 92-98.
Parten, M. B.(1932). Social participation among pre-school children. *The journal of Abnormal and Social Psychology*,27(3),243-269.
Peterson, C., Maier, S. F., & Seligman, M. E. P. (1993). *Learned helplessness: A theory for the age of personal control.* New York: Oxford University Press.(津田彰訳(2000). 学習性無力感. 二瓶社.)
Piaget, J. (1970). Carmichael's manual of child psychology. (中垣啓訳（2007）. ピアジェに学ぶ認知発達の科学. 北大路書房.)
Piaget, J. & Inhelder, B. (1948). *The child's conception of space.*W. W. Nortion.
Reeve, J. (2006). Teacher as facilitators: What autonomy-supportive teachers do and why their students benefit. *The Elementary School Journal,* 106(3), 225-236.
Rosenberg, M. (1965). *Society and the adolescent self-image.* New Jersey: Princeton University Press.
Rotter, J.B. (1966). Generalized expectancies for internal versus external control of reinforcement. *Psychological Monographs: General & Applied,* 80(1), 1-28.
Salomon, G. (1972). Heuristic models for the generation of aptitude-treatment interaction hypotheses. *Review of Educational Research,* 42(3), 327-343.
Seligman, M. E.P. (1975). *Helplessness: on Depressing*, Development, and Death. San Francisco: W. H. Freeman. (平井久・木村駿訳（1985）. うつ病の行動学. 誠信書房.)
Selman, R. (1976). Social-Cognitive Understanding. In Lickona, T. (Ed.), *Moral Development and Behavior,* 299-316. New York：Holt：Rinehart and Winston.
Sierens, E., Vansteenkiste, M., Goossens, L., Soenens, B., & Dochy, F. (2009). The synergistic relationship of perceived autonomy support and structure in the prediction of self-regulated learning. *British Journal of Educational Psychology,* 79(1), 57-68.
Skinner, B.F. (1938). *The behavior of organisms*: Experimental analysis. Appleton Century Crofts.
Skinner, B.F. (1958). *Teaching machines.* Science, 128(3330), 969-977.
Stipek, D.J. (1992). *Motivation to learn: From theory to practice* (2nd ed.). Boston: Allyn & Bacon.（馬場道夫監訳（1999）. やる気のない子どもをどうすればよいのか. 二瓶社.)
Symonds, P. M. (1939). *The psychology of parent-child relationships.* Appleton Century Crofts.
Thomas, A., & Chess, S. (1977). *Temperament and development.* Oxford: Brunner/Mazel.
Thorndike, E.L. (1898). Animal intelligence: An experimental study of the associative process in animals. *Psychological Monographs*, 2(4), i-109.
Tolman, E.C. (1933). Sign-Gestalt or conditioned reflex. *Psychological Review,* 40(3), 246-255.
Turner, J. C., Meyer, D. K., Midgley, C., & Patrick, H. (2003). Teacher discourse and sixth graders' reported affect and achievement behaviors in two high-mastery/high-performance mathematics classrooms. *The Elementary School Journal,* 103(4), 357-382.
Weiner, B. (1979). A theory of motivation for some classroom experiences. *Journal of Educational Psychology,* 71(1), 3-25.
Zimmerman, B. J. (1989). A social cognitive view of self-regulated academic learning. *Journal of Educational Psychology,* 81(3), 336-339.

おわりに

　近年の学校現場では，いじめ，不登校，非行，学級崩壊などさまざまな生徒指導上の問題が複合化しています。また，特別支援教育の充実や学力向上などの教育課題は，社会問題にもなっています。現職の教員に対しては，これまでよりも高い資質・能力が期待され，不断の努力が求められています。同様に，新規に教員になる者に対しても，理論的な知識や技能，実践力を向上させる意欲，即戦力の専門性などが期待されています。

　いっぽうで，大学の教員養成課程に「教職課程コアカリキュラム」が導入され，教職を志す学生が共通的に修得すべき資質能力と，そこにいたるために必要な学習内容や到達基準が構造的に示されるようになりました。

　教育心理学（教職課程コアカリキュラム「幼児，児童及び生徒の心身の発達及び学習の過程」を指す：編集部追記）は「発達」と「学習」の２本柱のもと，それぞれ「幼児，児童及び生徒の心身の発達の過程及び特徴を理解する」と「幼児，児童及び生徒の学習に関する基礎的知識を身に付け，発達を踏まえた学習を支える指導について基礎的な考え方を理解する」と目標が示されました。

　本書は，子どもたちの発達や学習を巡るさまざまな現象と，教育心理学の理論や研究知見を簡潔に整理し，実践と理論を対応づけて捉えることをめざしました。目次構成と各項目の解説においては，段階的に理解を深めていけるように，教育心理学の基礎理論を学び，子どもの心の動きや行動を理解したうえで，より効果の高い教育実践を創造するために理論をどう応用していくか，という流れを意識しました。教職をめざす方，子どもにかかわる職務に従事したいと願う方に，本書をお役立ていただけますと幸いです。

　本書を作成するにあたって，懇切丁寧にサポートをしてくださった図書文化社の佐藤達朗様に心より感謝申し上げます。ありがとうございました。

　2019年3月

都留文科大学大学院准教授
博士（心理学）・博士（教育学）・公認心理師　武蔵　由佳

人名索引

■■ あ行

アイゼンバーグ(Eisenberg,N.) 83
アトキンソン(Atkinson,J.W.) 106
アトキンソン(Atkinson,R.C.) 128
アドラー(Adler,A.) 16
ヴァーノン(Vernon,P.E.) 116
ヴィゴツキー(Vygotsky,L.S.) 29, 44
ウェクスラー(Wechsler,D.) 116, 118, 122
ウェルトハイマー(Wertheimer,M.) 18
ウォッシュバーン(Washburn,C.W.) 29
ヴント(Wundt,W.M.) 13
エインズワース(Ainsworth,M.D.S.) 46
エビングハウス(Ebbinghaus,H.) 132
エプスタイン(Epstein,J.L.) 78
エリクソン(Erikson,E.H.) 16, 30, 65, 66, 74
オーズベル(Ausubel,D.P.) 150
オールポート(Allport,G.W.) 95
オドバート(Odbert,H.S.) 95

■■ か行

カウフマン(Kaufman,A.S.) 118, 123
カウフマン(Kaufman,N.L.) 123
キャッテル(Cattell,J.M.) 13
キャッテル(Cattell,R.B.) 117
ギルフォード(Guilford,J.P.) 116, 119
クレッチマー(Kretschmer,E.) 94
クロンバック(Cronbach,L.J.) 152
ケーラー(Köhler,W.) 18, 151
ゲゼル(Gesell,A.L.) 23, 25
ゲッシェルズ(Getzels,J.W.) 119
ゴールトン(Galton,F.) 13
コールバーグ(Kohlberg,L.) 80, 82, 83

■■ さ行

サーストン(Thurstone,L.L.) 116
サメロフ(Sameroff,A.J.) 27
サリヴァン(Sullivan,H.S.) 16
サロモン(Salomon,G.) 152
ジェームズ(James,W.) 13, 114
ジェンセン(Jensen,A.R.) 26
シフリン(Shiffrin,R.M.) 128
ジマーマン(Zimmerman,B.J.) 140
ジャクソン(Jackson,P.W.) 119
シュテルン(Stern,W.) 25, 118
ショーン(Schön,D.A.) 204
ジョンソン(Johnson,D.W.) 159
スーパー(Super,D.E.) 70
スキナー(Skinner,B.F.) 17, 127, 148, 173
スキャモン(Scammon,R.E.) 41
スピアマン(Spearman,C.E.) 116
スミス(Smith,E.E.) 119
セリグマン(Seligman,M.E.P.) 145
セルマン(Selman,R.L.) 84
ソーンダイク(Thorndike,E.L.) 13, 17, 127, 151, 173, 181

■■ た・な行

ターマン(Terman,L.M.) 118
チェス(Chess,S.) 93
デシ(Deci,E.L.) 143, 194
デューイ(Dewey,J.) 154, 155, 156, 181
ドウェック(Dweck,C.S.) 142
トーランス(Torrance,E.P.) 119
トールマン(Tolman,E,C.) 17, 151
トマス(Thomas,A.) 93
楢崎麻太郎 13

■■ は行

ハーター(Harter,N.) 134
パーテン(Parten,M.B.) 48
ハーロー(Harlow,H,F.) 45, 138
ハヴィガースト(Havighurst,R,J.) 33
バドリー(Baddeley,A.D.) 129
パブロフ(Pavlov,I,P.) 17, 24, 126
ハル(Hull,C.L.) 17, 104
バロン＝コーエン(Baron-Cohen,S.) 47
バンデューラ(Bandura, A.) 109, 139, 140
ピアジェ(Piaget,J.) 32, 42, 43, 44, 55, 64, 80, 131
ヒッチ(Hitch,G.J.) 129
ビネー(Binet,A.) 118, 121
ヒル(Hill,C.A.) 110
ブライアン(Bryan,W.L.) 134
ブルーナー(Bruner,J.S.) 29, 149
ブルーム(Bloom,B.S.) 178, 180
フロイト(Freud,S.) 16, 35
フロム(Fromm,E.) 16

ヘッブ(Hebb,D.O.) 117
ボウルビィ(Bowlby,J.) 28, 45
ホーナイ(Horney,K.) 16
ホール(Hall,G.S.) 13

■■ ま・や行

マーシャ(Marcia,J.E.) 67
マズロー(Maslow,A.H.) 105
松本亦太郎 13
マックレランド(McClelland,D.C.) 106, 110
マレー(Murray,H.A.) 106, 110
三隅二不二 196
宮城音弥 92
モイマン(Meumann,E.) 13
元良勇次郎 13
モフィット(Moffitt,T.E.) 72
モレノ(Moreno,J.L.) 170
安永悟 154, 160
ユング(Jung,C.G.) 16, 94

■■ ら・わ行

ライアン(Ryan,R.M.) 143, 194
リーヴ(Reeve,J.) 199
ルクセンブルガー(Luxenburger,J.H.) 25
ルリア(Luria,A.R.) 118
レヴィン(Lewin,K.) 18, 65, 111
ローゼンタール(Rosenthal,R.) 200
ローゼンバーグ(Rosenberg,M.) 114
ロッター(Rotter,J.B.) 107
ローレンツ(Lorenz,K.Z.) 28
ワイナー(Weiner, B.) 108
ワトソン(Watson,J.B.) 17, 24, 25

人名索引 | 215

事項索引

■■ あ行

愛他性 169
愛着（アタッチメント）45, 46
愛着障害 50, 51
アイデンティティ 30, 66, 74
アイデンティティステイタス 67
アクティブ・ラーニング 153, 154, 159
遊び 48
アニミズム 42
アンダーアチーバー 146, 183, 190
アンダーマイニング現象 138
生きる力 124
いじめ 88, 175
意味記憶 130
イラショナル・ビリーフ 199
ウェクスラー知能検査 122
運動発達 39, 40, 57
S-R連合 151
エピソード記憶 130
エビデンス・ベースト・エデュケーション 20, 203
援助要請（意図・回避型・過剰型・自立型）112
オーセンティック評価 181
オーバーアチーバー 146, 183, 190

置きかえ 98
オペラント条件づけ 17, 127, 173

■■ か行

外化 153
外言 44
外向型 94
外的調整 143, 144
外的統制型 107
外発的動機づけ 138, 143
拡散的思考 119
学習意欲 54, 75, 104, 138, 144, 196
学習性無気力 107, 109, 145
学習方略 140
拡張的知能観 142
学力 120, 183, 186, 189
隠れたカリキュラム 202
仮説実験授業 149
可塑性 28
学級経営 162
学級集団づくり 162
学級集団の発達過程 166
学級風土 164
学級崩壊 166, 176
葛藤（コンフリクト）30, 84, 111
感覚運動期 32, 43

感覚記憶 128
環境閾値説 26
環境優位説 24
観察法 14
関与 153
記憶の二重貯蔵モデル 128
危機 30, 67
気質 92, 93, 94
儀式化 202
基礎力 124
期待 107, 109
帰無仮説 185
記銘 128
ギャングエイジ 61
ギャンググループ 79, 86
9歳の壁 54, 60
吸啜反射 40
Q-U 171, 189
教育測定運動 181
教育力のある学級集団 163, 168
強化 127, 151, 173
叫喚音 44
教師期待効果 200
競争的達成動機 106
協同学習 154, 159
強度の法則 173
均衡化 42
近接性 78

クーイング 44
具体的操作期 32, 55, 131
K-ABC 123
ゲシュタルト 18
形式的操作期 32, 55, 64
形成的評価 180
結果期待 109
ゲッシェルズ・ジャクソン現象 119
結晶性知能 117, 118
欠乏動機 105
原因帰属 108, 112
限局性学習症/限局性学習障害(SLD) 133
原始反射 40
語彙爆発(ボキャブラリースパート) 44
行為障害 59
効果の法則 173
高原状態(プラトー) 134
向社会的行動 82, 89
向社会的道徳推論 83
構造化 194
合理化 98
効力期待 109
個業意識 19
心の理論 47
個人内評価 179
誤信念課題 47
固定的知能観 142
古典的条件づけ 17, 24, 126
ゴーレム効果 200

■■ さ行

サイン・ゲシュタルト説 151
作業検査法 97
作動記憶(ワーキングメモリ) 129
散布度 184
シェイピング(法) 127, 145
シェマ 42
試行錯誤学習 151, 173
自己開示 169
自己決定理論 143, 144, 146
自己肯定感(自尊感情) 113
自己効力感 109, 112
自己実現 105, 138
自己受容 114
自己中心性 42, 43, 56
自己中心的発話 44
自己調整学習 140, 155
自己評価 114, 179, 182
自己有用感 114
支持的風土 164, 165, 174
実験法 14, 46
実念論 42
失敗回避動機 106
質問紙法 14, 97
自伝的記憶 130
自閉スペクトラム症(ASD) 47
社会化 56
社会的学習 139
社会的認知理論 139, 140
社会的発話 44

習慣的性格 92
習熟度別学習 157
収束的思考 119
集団圧 169
集団凝集性 169
集団斉一性 168
集団同一視 169
習得目標 19, 142
周辺人(マージナルマン) 65
準拠集団 165
昇華 98
生涯学習 203
生涯発達 22
消去 126, 127
条件刺激 126
条件反応 126
象徴遊び 42
初期経験 28
処遇 152
初語 44
自律性支援 194
自律的動機づけ 143
自律的道徳 80
ジレンマ(課題) 80, 84
人格形成 162
新教育運動 181
身体発達 40, 57, 64
診断的評価 180
信頼性 120
心理検査法 14
心理社会的発達理論 30
心理社会的モラトリアム 65

人名索引 | 217

心理的離乳　64
親和動機　110
遂行目標　19, 142
随伴性　145
ステレオタイプ的認知　200
ストレンジシチュエーション法　46
刷り込み(インプリンティング)　28
斉一性　66
性格(パーソナリティ)　92
性格の4層構造　92
生活年齢　121
正規分布　184
省察　203
成熟前傾現象　36
成熟優位説　23
精神年齢　29, 118, 121
成果曲線　160
成長加速現象　36
成長動機　105
勢力資源　197
積極的関与　67
宣言的記憶(顕在記憶)　130
先行オーガナイザー　150
絶対評価　178
漸成の発達理論　30
前青年期　65
前操作期　32, 55
選択性緘黙(場面緘黙)　58
総括的評価　180
想起　128
早期完了(権威受容地位)　67
相互作用説　27

ソーシャルサポート　174
疎結合システム　19
双生児統制法　23
創造性　119
相対評価　179
相貌的知覚　42
素因障害　59
ソシオメトリック・テスト　170

■■ た行

第一次反抗期　42
退行　35, 98, 166
対象(物)の永続　43
脱中心化　43
態度的側面　154
第二次性徴　64, 72, 73
第二次反抗期　64, 72
第二の個体化　64
代表値　184
代理強化　139
達成動機　106
達成目標理論　142
脱抑制タイプ　50
妥当性　15, 120
他律的道徳　80
短期記憶　128, 129
探索反射　40
チーム学校　193
チック　58
知的好奇心　54, 138
知能指数(IQ)　118, 121
チャムグループ　79

チャンク　128
注意欠如・多動症(ADHD)　59
中性刺激　126
長期記憶　128, 129, 130
調節　42
定型発達　49
t検定　185
適応(防衛機制)　98
適性　152
適性処遇交互作用(ATI)　152
手続き的記憶　130
展望記憶　130
同一化　165
同一化的調整　143, 144
同一視　98
動因低減説　104
投影　98
投影法　97
同化　42
統計的仮説検定　183
統合的調整　143
洞察　18
洞察説　151
頭身比　57
統制　108, 195
道徳性　80, 83
逃避　98
トゥレット症　58
特性論　95
取り入れ的調整　143, 144

218

■■ な・は行

内言　44
内向型　94
内的統制型　107
内発的動機づけ　138,143
21世紀型能力　124
把握反射　39
パーソナリティ障害　99
発見学習　149,150
発達加速現象　36
発達課題　30,33,64,66
発達曲線　41
発達段階　22,30,32,33,
　35,55,71,80,82,83,
　84,144,146,162,198
発達の最近接領域　29
バビンスキー反射　40
ハロー効果　200
反抗挑発症/反抗挑発性障
　害（ODD）　59
反省的実践　204
反動形成　98
反復喃語　44
ピアグループ　79
ピアプレッシャー　79
PM理論　196
被援助志向性　112
ピグマリオン効果　200
非行　59,72
非宣言的記憶（潜在記憶）　130
非定型発達　49
人見知り　45

ビッグファイブ理論　95
PBL　155
ビネー式知能検査　118
評価（事前・事中・事後）　180
評価基準　178,182
標準化　15,120,123
標準学力検査　120,183
標準偏差　118,184
ビリーフ　199
非論理的推論　42
敏感期　28
フィードバック　148,
　180,204
輻輳説　25
不随意運動　40
不登校　174,176
不満足の法則　173
プレグナンツの原理　18
プログラム学習　148
分散分析　185
分離不安症　58
偏差値　118,184
防衛的風土　164
ポートフォリオ評価　181,182
保持（忘却）曲線　132
補償　16,98,152
保存概念　55

■■ ま・や・ら行

満足の法則　151,173
三つ山問題　43
無意識　16,97,98

無条件刺激　126
無条件反応　126
面接法　14
モデリング　139,140
モラトリアム　65,67
モロー反射　40
問題解決学習　156
役割性格　92
役割（視点）取得能力　84
有意差検定　185
有意水準　185
有意味受容学習　150
抑圧　98
抑制タイプ　50
欲求　86,98,104,105,106,
　110,111,143
欲求階層説　105
欲求不満-攻撃仮説　175
ライフサイクル論　30
リハーサル　128
リビドー　16,35
流動性知能　117,118
リレーション　62,146
臨界期　28,38
ルーブリック　182
ルール　62,146,166,172
劣等感　16,54,64
レスポンデント条件づけ　126
レディネス　23,180
レミニセンス　132
ローカス・オブ・コントロール
　107,108

著者紹介
（原稿順，所属は2019年3月現在）

河村　茂雄　編者

早稲田大学教育・総合科学学術院教授。筑波大学大学院教育研究科修了。博士（心理学）。公認心理師。公立学校教諭・教育相談員を経験し，岩手大学助教授，都留文科大学大学院教授を経て現職。日本学級経営心理学会理事長。日本教育カウンセリング学会理事長。日本教育心理学会理事。日本カウンセリング学会理事。日本教育カウンセラー協会岩手県支部長。

武蔵　由佳　編者

都留文科大学大学院准教授。早稲田大学大学院教育学研究科修了。博士（教育学）。博士（心理学）。公認心理師。公立中学校・私立高等学校の相談員，早稲田大学非常勤講師，盛岡大学准教授を経て現職。臨床心理士。学校心理士。上級教育カウンセラー。児童生徒学生の対人関係を通した自己形成および心理教育的援助について研究している。

熊谷圭二郎　p35, pp96-101

千葉科学大学教職課程准教授。早稲田大学大学院教育学研究科博士後期課程研究指導終了退学。公立高等学校教諭を経て現職。早稲田大学非常勤講師。公認心理師。臨床心理士。日本カウンセリング学会役員。学級集団や学習集団の人間関係に関する研究に取り組んでいる。

井芹　まい　p49, p84

小田原短期大学保育学科助教。早稲田大学大学院教育学研究科博士後期課程研究指導終了退学。私立中高カウンセラー，早稲田大学非常勤講師を兼務。初等教育学を専攻した経験をもとに，その知見を中学校・高校・専門学校・大学の教育に生かすことを志す。

細井　星花　p50, p72

早稲田大学大学院教育学研究科修士課程在籍。中学・高校時代の4年間，海外で複数の家にホームステイをしたことから，アタッチメントや家族関係に興味をもつ。将来は少年非行や，親子の問題を抱えた家庭の臨床に携わりたいと考えている。

深沢　和彦　pp51-52, pp92-95

東京福祉大学教育学部准教授。公立小・中学校に29年間勤務した後，早稲田大学非常勤講師を経て現職。日本学級経営心理学会監事。学校心理士。上級教育カウンセラー。ガイダンスカウンセラー。主なテーマはインクルーシブな学級経営

髙橋　幾　p58, p123, p133, pp135-136
（たかはし　いく）

早稲田大学大学院教育学研究科博士後期課程（2019年4月より）。パティシエ，コンビニエンスストア店長の経験を経て今にいたる。特別支援教育・インクルーシブ教育について研究しており，特に自閉スペクトラム症児の学級適応や就労支援を中心的なテーマとしている。

森永　秀典　pp60-62
（もりなが　ひでのり）

金沢星稜大学人間科学部講師（2019年4月より）。早稲田大学大学院教育学研究科博士後期課程研究指導終了退学。公立小学校教諭を経て現職。著書に『保護者の安心・信頼につながる対応術』（分担執筆，合同出版）ほか。

藤原　和政　p73, pp75-76
（ふじわら　かずまさ）

長崎外国語大学専任講師。早稲田大学大学院教育学研究科博士後期課程修了。博士（教育学）。教育センター教育相談員，私立中学・高校，保育系専門学校，早稲田大学非常勤講師を経て現職。公認心理師。ガイダンスカウンセラー。上級教育カウンセラー。認定カウンセラー。

本田　真　p74, pp121-122, p145
（ほんだ　しん）

早稲田大学大学院教育学研究科博士後期課程（2019年4月より）。教育実践に生かせる研究を志し，キャリア教育，教育カウンセリング，教育相談について研究している。現在の中心テーマは，教育困難校における生徒の学校適応と意欲を高める指導。

山本　琢俟　pp82-83
（やまもと　たくま）

早稲田大学大学院教育学研究科博士後期課程（2019年4月より）。広島大学教育学部卒業。道徳性の獲得や形成について研究を行っており，特に，行動やそこにいたる認知的側面に関心がある。最近では，教育システムのあり方についても食指が動いている。

藤原　寿幸　pp89-90, pp186-188
（ふじわら　としゆき）

東京福祉大学教育学部講師。早稲田大学大学院教職研究科修了。同教育学研究科博士後期課程在籍。公立小学校教諭・主任教諭を15年間経験して現職。東京都ガイダンスカウンセラー会理事。学校心理士。上級教育カウンセラー。ガイダンスカウンセラー。

井口　武俊　p102, p111
（いぐち　たけとし）

早稲田大学大学院教育学研究科修士課程在籍。公立小学校教諭・主任教諭を9年間経験し現在に至る。体育と学級経営，感情心理学，カウンセリング心理学，グループアプローチの研究を進めながら，小・中・高校でＱ-Ｕによる学級経営コンサルテーションを行う。

森　俊博　pp112
（もり　としひろ）

岡山市立財田小学校教諭。早稲田大学大学院教育学研究科博士後期課程在籍。学級経営・特別活動・教育課程・ソーシャルスキル教育・道徳教育などの研究を進めながら，小学校で学級経営や生徒指導についての校内研修の講師を行っている。

河村　昭博（かわむら　あきひろ）pp116-120, pp170-172, pp183-185, pp196-198

早稲田大学教育・総合科学学術院非常勤講師。早稲田大学大学院教育学研究科博士後期課程修了。博士（教育学）。教員の指導行動と教員のユーモア表出および児童生徒のスクール・モラールとユーモア表出にかかわる実証的な研究を深めている。

森　大（もり　だい）p134

早稲田大学大学院教育学研究科修士課程在籍。学校法人明星学園浦和学院高等学校職員兼，硬式野球部コーチ。早稲田大学，自動車工業人事部を経て現職。主に運動部活動をテーマとして，指導者の指導行動，選手の主体性やパフォーマンス等の研究を行っている。

河村　明和（かわむら　あきかず）pp148-151, p174, pp178-182

東京福祉大学大学院保育児童学部助教。早稲田大学大学院教育学研究科高度教職実践専攻修了。教職修士（専門職）。早稲田大学大学院教育学研究科博士後期課程在籍。児童生徒の主体的な学びにおける教育効果について，教科，教科外の枠組みを超えて研究を行う。

後藤　里英（ごとう　りえ）pp155-157

早稲田大学大学院教育学研究科修士課程在籍。早稲田大学教育学部教育学科初等教育学専攻修了。日本の学校の特徴である学級集団の教育力を生かした道徳性やコンピテンシーの育成に関心があり，PBLについて研究中。

齊藤　勝（さいとう　まさる）p158, pp186-188

帝京平成大学現代ライフ学部講師。早稲田大学大学院教育学研究科博士後期課程在籍。民間放送局に勤務した後，公立小学校教諭，教育委員会を経て現職。学級経営の理論や，学びのユニバーサルデザインの視点でICT利活用の可能性について研究を進めている。

河村　志野（かわむら　しの）pp159-160

産業技術大学院大学情報アーキテクチャ専攻在籍。大学院のIT関係の授業でPBLを体験し，メンバーたちが協働していく難しさを痛感した。今後はPBLを有効にするチームビルディングについて研究していきたい。

伊佐　貢一（いさ　こういち）pp189-190

魚沼市立湯之谷小学校校長。新潟県公立小学校教諭，上越教育大学特任准教授，魚沼市学習指導センター統括指導主事を経て現職。日本教育カウンセリング学会常任理事（研究委員長）。上級教育カウンセラー，学校心理士，ガイダンスカウンセラー。

教育心理学の理論と実際

2019 年 4 月 30 日　初版第 1 刷発行［検印省略］
2025 年 4 月 10 日　初版第 5 刷発行

編著者　河村茂雄・武蔵由佳
発行人　則岡秀卓
発行所　株式会社　図書文化社
　　　　〒112-0012　東京都文京区大塚1-4-15
　　　　Tel: 03-3943-2511　Fax: 03-3943-2519
　　　　http://www.toshobunka.co.jp/
装　　幀　株式会社　オセロ
印刷・製本　株式会社　厚徳社

©KAWAMURA Shigeo, MUSASHI Yuka　2019　Printed in Japan
ISBN 978-4-8100-9722-1　C3037

|JCOPY| <出版者著作権管理機構　委託出版物>
本書の無断複写は著作権法上での例外を除き禁じられています。
複写される場合は，そのつど事前に，出版者著作権管理機構
（電話03-5244-5088，FAX 03-5244-5089，e-mail:info@jcopy.or.jp）
の許諾を得てください。

乱丁・落丁本はお取り替えいたします。定価はカバーに表示してあります。

河村茂雄の本

学校教育の「強み」と「危機」を浮き彫りにしながら，
集団の教育力を生かす教育実践の考え方と方法を提案します。

● 理論書

教師のための専門知識。教職を志す学生，アップデートをめざす現職教員におすすめ。

日本の学級集団と学級経営	A5判 本体2,400円+税
生徒指導・進路指導の理論と実際〔2019年改訂〕	A5判 本体2,200円+税
教育相談の理論と実際〔2019年改訂〕	A5判 本体2,200円+税
特別活動の理論と実際	A5判 本体2,200円+税
教育心理学の理論と実際	A5判 本体2,200円+税
学級担任が進める **特別支援教育の知識と実際**	A5判 本体1,600円+税

● 実践書：入門編

マスデータの分析から提唱される学級経営の方法論。どの教員もまずはここから。

授業づくりのゼロ段階 [ロングセラー]	A5判 本体1,200円+税
学級集団づくりのゼロ段階 [ロングセラー]	A5判 本体1,400円+税
学級リーダー育成のゼロ段階	A5判 本体1,400円+税
アクティブ・ラーニングのゼロ段階	A5判 本体1,200円+税
主体的な学びを促す **インクルーシブ型学級集団づくり**	A5判 本体1,800円+税
アクティブラーナーを育てる **自律教育カウンセリング**	四六判 本体1,600円+税

● 実践書：応用編

学級経営・学級集団づくりのスタンダードを，1年間の流れを追って提案します。

Q-U式学級づくり 小学校低学年／中学年／高学年／中学校（4分冊）	B5判 本体各2,000円+税
学級ソーシャルスキル 小学校低学年／中学年／高学年／中学校（4分冊）	B5判 本体2,400~2,600円+税
学級集団づくりエクササイズ 小学校／中学校（2分冊）	B5判 本体各2,400円+税

図書文化